AF450831

RESTITUTION
DE LA MINERVE

EN OR ET IVOIRE,

DE PHIDIAS,

AU PARTHENON.

RESTITUTION

DE LA MINERVE

EN OR ET IVOIRE,

DE PHIDIAS,

AU PARTHENON.

PAR M. QUATREMÈRE DE QUINCY,

DE L'INSTITUT ROYAL DE FRANCE (ACADÉMIE ROYALE DES INSCRIPTIONS ET BELLES-LETTRES),
ET SECRÉTAIRE PERPÉTUEL DE L'ACADÉMIE ROYALE DES BEAUX-ARTS.

PARIS.

DE L'IMPRIMERIE DE T. F. RIGNOUX,

RUE DES FRANCS-BOURGEOIS-S.-MICHEL, N° 8.

M DCCC XXVIII.

RESTITUTION
DE LA MINERVE

EN OR ET IVOIRE,

DE PHIDIAS,

AU PARTHÉNON.

I. — Avant-propos.

Entre les grands ouvrages de la sculpture polychrome des anciens, il en est peu qui aient été plus vantés que la Minerve d'or et d'ivoire, exécutée par Phidias pour le Parthénon d'Athènes. Elle paroît avoir tenu le second rang parmi ces sortes de monuments. Une multitude d'écrivains en a fait mention, et toutefois aucun ne l'a décrite en entier. Quelques détails de cette masse colossale ont seulement été recueillis par Pausanias, et surtout par Pline ; mais comme aucun d'eux ne s'est mis en peine d'en embrasser l'ensemble, cet ensemble, sa composition, son ajustement et son style, sont des objets sur lesquels la critique de l'art éprouve plus d'un genre d'incertitudes.

On ne doit pas douter, cependant, que dans ce grand nombre de figures de Minerve antiques qui nous sont parvenues, il n'existe quelque tradition plus ou moins complète de celle du Parthénon. Ces statues offrent de nombreuses variétés, à ne considérer que les détails d'exécution dont l'artiste était toujours le maître, et qu'il savoit modifier de mille manières. Mais quand on analyse les différentes espèces de types consacrés à la représentation de Minerve chez les anciens, on trouve que ces types peuvent se réduire à quatre ou cinq, répétés de toute sorte de façons, par les artistes qui se sont succédé pendant une douzaine de siècles.

Il est difficile de supposer qu'une statue aussi célèbre que celle du Parthénon, n'auroit pas été un objet d'imitation pour les siècles qui ont suivi celui de Phidias, et que le type, selon lequel cet artiste conçut et exécuta un aussi fameux monument, ne se seroit pas transmis et reproduit dans les ouvrages de ses successeurs.

Non que je veuille prétendre que Phidias ait été, à proprement parler, l'inventeur de ce type. Avant lui, toutes les créations mythologiques avoient déjà reçu du génie de l'art des formes déterminées et des caractères distinctifs; mais je pense que ce célèbre statuaire, par la grandeur de ses conceptions, et par la perfection de son talent, dut contribuer à fixer de plus en plus les formes particulières de chaque divinité, les nuances caractéristiques de leur manière d'être, selon leurs divers emplois : et ce sont ces différences que j'appelle ici les types divers, selon lesquels s'exécutoit la statue d'une même divinité.

Minerve se peignoit diversement dans l'esprit de ses adorateurs, selon qu'elle étoit la déesse de la guerre, la déesse des conseils, la déesse de la science, la déesse des citadelles, la déesse des jeux athlétiques et des victoires pacifiques du Stade. Il ne faut pas douter que toutes ces diversités de caractère n'aient été exprimées aussi dans les effigies de cette divinité, par la pose, l'action, les attitudes variées que les artistes lui donnèrent; par l'ajustement de ses draperies, par les formes de son casque, par les attributs qui l'environnoient, par l'air de sa physionomie, et par un certain style plus ou moins sévère, plus ou moins gracieux, qui se manifestoit autant dans l'ensemble de l'ajustement général, que dans le goût même de l'exécution.

Nous trouvons que Phidias fut auteur de six statues de Minerve, qui toutes, excepté la Lesbienne, qu'on donnoit pour être son chef-d'œuvre, et dont nous ignorons la dimension, furent d'énormes colosses. Il avoit fait sur l'Acropolis d'Athènes la Minerve Poliade, dont l'aigrette s'apercevoit de *Sunium*. Elle étoit en bronze, accompagnée du symbole de sa ville, et d'un bouclier, dont les sujets avoient été gravés par Mys, sur les dessins de Parrhasius. La seule circonstance du bouclier ainsi orné, nous apprend, par exemple, que cette Minerve ne portoit pas son arme au bras, mais s'appuyoit dessus. Autrement, les sujets du bouclier, à ce point d'élévation et dans cette position, auroient cessé d'être visibles. Phidias avoit dû donner la même position au bouclier de la Minerve du Parthénon, comme on s'en convaincra ; ce qui indique déjà que la figure étoit représentée en repos.

Il ne dut pas en être de même de sa Minerve *Aréa* ou Belliqueuse, dont la dimension, selon Pausanias[1], étoit semblable à celle dont on vient de parler, et qui remplissoit l'intérieur d'un temple de Platée. Elle fut sans doute dans l'action de marcher, le bouclier au bras, et dans un tout autre style d'ajustement. Il est probable que sa Minerve Ergané, ou déesse de l'industrie, qui ornoit à Élis[2] le temple de l'Acropolis de cette ville, fut encore dans une autre attitude et dans un goût fort divers. Un coq étoit sur son casque ; et Pausanias ne semble pas avoir été fort heureux à deviner le sens de ce symbole, lorsqu'il dit que le coq est de tous les oiseaux le plus courageux, ou que peut-être il étoit consacré à Minerve Ergané. Il n'y avoit pas lieu à incertitude : le coq, dont le chant matinal appelle les hommes à l'ouvrage, dut fort bien appartenir à la déesse du travail, et je pense que dans ce simulacre d'or et d'ivoire, Minerve fut représentée assise.

Phidias, dans un si grand nombre de statues de Minerve, aura sans doute embrassé les diverses manières de représenter cette divinité ; et, comme je l'ai dit, il est difficile de se refuser à l'idée, que les figures antiques que nous possédons, doivent contenir des traditions plus ou moins fidèles, des divers styles ou manières d'être, sous lesquelles ce statuaire reproduisit tant de fois la fille de Jupiter. Dès lors il ne s'agiroit que de faire, entre ces statues, le choix de celle qui seroit le plus en rapport avec la Minerve du Parthénon.

[1] Paus., liv. IX, chap. 4.
[2] *Id.*, liv. VI, chap. 26.

L'application de ce genre d'analogie deviendroit à la vérité, extrême‑
ment arbitraire, si rien ne pouvait déterminer la critique, dans l'adop‑
tion du style et de l'ajustement, qu'il conviendroit d'affecter à telle ou
telle statue de Minerve. Mais, lorsque le motif général d'une statue est
donné par les descriptions; lorsque sa pose, ses accessoires, quelques
caractères de sa draperie peuvent passer pour constants; lorsqu'on con‑
noît son action et son attitude, la destination de l'ouvrage, l'intention
qu'on eut en le faisant, et l'ordre d'idées auquel il correspondoit, il
n'est pas fort difficile alors de décider quel est, entre les divers types
de Minerve, celui qui se rapporte aux données préalablement établies.

Le style ou le goût qu'il faut approprier à l'ouvrage inconnu qu'on
veut restituer, d'après ceux que nous connoissons, est encore une de
ces choses moins équivoques que l'on ne pense. Dans les ouvrages de
l'art, comme dans ceux de l'esprit, il y a de ces vraisemblances, qui
sont des vérités pour le sentiment. On ne parvient pas, si l'on veut, à les
démontrer, mais elles ont force de preuve, dans leur genre; et de
même que l'homme versé dans la connoissance des différents styles des
écrivains, ne se trompe ni entre eux, ni entre les manières d'écrire
des siècles où ils vécurent, de même le goût exercé dans les matières
de l'art, distingue avec clarté entre les statues antiques, celles qui se
rapportent à chacune des manières de faire des diverses époques de
l'art, ou qui correspondent à des styles nationaux, ou qui portent
le caractère de telle ou de telle autre pratique de la sculpture.

Ce dernier genre de critique a peut-être été mis moins en usage
que les autres, dans l'appréciation des statues qni nous restent, et
cependant il ne faut pas douter que presque toutes, étant des copies
faites en marbres, d'après des originaux qui ne furent pas tous de la
même matière, il doit y régner certaines diversités de goût, qu'on
expliqueroit imparfaitement par d'autres raisons.

Mais l'influence que le genre de la matière put avoir sur le style
et le goût des statues qu'il s'agit de restituer, se fait particulièrement
sentir à l'égard des ouvrages qui appartinrent à cette division de

l'art de la sculpture, qu'on appela Toreutique, et dont la statuaire en ivoire faisait partie. L'on verra, je pense, que la Minerve du Parthénon ayant été d'or et d'ivoire, et un composé de toutes les richesses que le luxe de l'art savoit déployer, cette seule considération nous conduit à chercher les analogues de cette statue, dans celles des figures de Minerve, où brille le style à-la-fois le plus riche, le plus varié, le plus abondant en détails.

Il y a plus d'une manière d'envisager ces grands ouvrages de sculpture polychrome, qui décoroient les temples de l'antiquité. Non-seulement l'art les employoit comme ornements des édifices sacrés, mais aussi comme sujet, matière, ou récipient (qu'on me passe ce terme) de toutes sortes d'ornements. On regardoit aussi un colosse d'or et d'ivoire, et, en général, on traitoit toute statue religieuse, dont on prétendoit rendre l'aspect au plus haut point recommandable, à peu près de la manière dont l'architecture traite les édifices, dont elle veut donner la plus grande idée; c'est-à-dire, qu'on se plaisoit à y introduire les matières les plus rares, les plus riches, les plus agréables à l'œil; et cela, parce que, s'il y a dans les ouvrages de l'art une beauté indépendante de la matière, il y a aussi, dans certaines matières, une beauté qui ajoute une valeur à la valeur même de l'art.

Les colosses d'or et d'ivoire étoient donc tout à la fois objets et sujets de décoration. Ce point de vue dont je ne développerai ici que quelques aperçus, ayant presque toujours échappé aux savants critiques, qui ont apprécié les ouvrages de la sculpture antique, abstraction faite de leurs matières, et des combinaisons auxquelles elles donnèrent lieu, il est résulté de là des jugements tout-à-fait contradictoires; et la Minerve du Parthénon, vantée par toute l'antiquité, a passé auprès des modernes pour un chef-d'œuvre de bigarrure.

Je n'ai pas le projet de discuter ici les principes de goût, qui peuvent décider la question de l'emploi de plusieurs matières, et de couleurs diverses, dans une statue; mais l'art de la toreutique, en tant qu'il étoit spécialement l'art de faire de la sculpture ornée, ayant dû, comme j'ai déjà eu l'occasion de le montrer ailleurs[1], porter le goût de l'artiste à la multiplicité des détails et des objets d'ornement, les statues conçues et exécutées selon ce goût, ont été d'autant plus mal jugées par les modernes, qu'ils ne les ont ni aperçues dans leurs vrais rapports, ni appréciées avec la mesure qui leur convient. Ainsi la mention de quelques légers détails de parure dans la Minerve du Parthénon, a soulevé tous les critiques, et a fait porter contre cet ouvrage toutes sortes d'accusations.

Mon intention ici est donc moins de répondre à ces accusations, que d'examiner et de produire les pièces mêmes de ce procès. La première chose et la plus importante, est, sans doute, la connaissance précise des faits sur lesquels repose le point en litige. Or, les faits ici, sont l'ouvrage même de Phidias : c'est cet ouvrage que je me suis proposé de reproduire, d'après les descriptions et les analogies rapprochées entre elles. Quand je dis l'ouvrage, je n'entends qu'une idée, une image vraisemblable et approximative quant au fond de l'art, mais assez exacte et assez complète, quant à la composition, et quant à son effet, pour qu'au moins en ce genre, la critique ne marche plus au hasard et sans appui.

Quoique la Minerve du Parthénon n'ait pas offert dans sa compositions, un ensemble d'ornements et de décorations aussi considérable que celui des colosses d'or et d'ivoire, assis sur des trônes, puisqu'elle étoit isolée, et simplement en pied sur une base, nous allons voir cependant que par la variété des objets, des accessoires et des matières qui entrèrent dans sa formation, elle fut un composé tout aussi rare, tout aussi précieux, tout aussi varié, que celui des autres monuments, dont j'ai entrepris ailleurs de retracer le genre, et de faire revivre le goût[2].

Pour en donner, ou pour s'en former l'idée complète, il faut

---

[1] *Voyez* l'ouvrage du Jupiter Olympien.

[2] *Voyez* le même ouvrage.

réunir ce que les autorités éparses des écrivains, et les inductions qu'on peut tirer des monuments, nous fournissent de renseignements sur les détails de sa composition et de sa parure. Aucun de ces passages ne renfermant sa description entière, je me suis dispensé de les rapporter en tête de cette discussion, ils trouveront séparément leur place, à chacun des articles, où chaque partie de l'ouvrage sera analysée.

II. — Dimension de la Minerve du Parthénon.

Une condition première pour bien juger de cet ouvrage, soit en lui-même, soit en rapport avec le genre particulier de son travail, et du goût selon lequel il fut composé et exécuté, doit être de se rendre compte de ses dimensions. On conçoit tout d'abord que ces variétés de matière, et par conséquent de couleurs, que ces ornements divers répandus dans tout l'ensemble d'une composition, doivent produire des effets très-différents, selon qu'une statue se présente dans une mesure ordinaire, ou sous des dimensions extrêmement colossales. En petit, ces richesses auroient pu devenir confuses et superflues. Au contraire, la grandeur des superficies qu'offroient les parties d'un aussi vaste ensemble, dut faire trouver agréable, ce qui rompoit l'espèce de monotonie que peut produire une matière unique. Or, la Minerve du Parthénon étoit dans son genre à peu près aussi colossale que le Jupiter d'Olympie.

Sa hauteur, selon Pline, étoit de 26 coudées (36 pieds français et 10 pouces). Je porterai, pour faire compte rond, 36 pieds[1], sans y comprendre la base, dont je parlerai en son lieu, et à laquelle on verra qu'il n'est pas possible de donner moins de 8 à 10 pieds. La masse totale dut, par conséquent, être d'environ 45 pieds en élévation, élévation concordante avec celle de l'intérieur de la nef du temple, qui, comme je l'ai montré[2] et comme on peut s'en con-

---

[1] Il y en a qui portent le pied grec à 11 pouces 4 lignes et demie.
[2] *Voyez* l'ouvrage du Jupiter Olympien.

vaincre d'après les mesures de Stuart, ne dut pas excéder de beaucoup 5o pieds[1]. Il faut réserver, en effet, quelque espace pour la partie supérieure de la lance que Minerve tenoit de la main droite, et les 5 à 6 pieds de reste, sont plus que suffisans à cet égard. Je ne parlerai pas ici de ce goût qu'eurent les Grecs, de renfermer dans de modiques enceintes, des colosses qui nous semblent si disproportionnés avec leur local. J'ai rendu compte ailleurs des raisons qu'ils avoient d'en user ainsi, et de la manière particulière dont ils consideroient les temples, dans leur rapport avec l'idole qui s'y trouvoit renfermée[2].

Il n'y a donc pas lieu de s'étonner, d'après l'usage établi en ce genre, que la masse de la Minerve du Parthénon, ait eu en hauteur à peu près celle de l'intérieur du temple. Pareille chose eut lieu à Olympie. L'antique simulacre d'Apollon Amycléen, qui avoit 45 pieds de haut, nous montre, et que cet usage avoit été pratiqué dès les temps les plus anciens de la Grèce, et comment avoit dû se perpétuer une pratique, qui trouvoit dans la religion d'aussi grands exemples, et de si imposantes autorités.

III. — Casque et tête de la Minerve.

Afin de conserver quelque ordre dans l'analyse de cette statue, je commencerai par son sommet, et je parcourrai, toujours en descendant, les diverses parties de son ensemble. Il y a encore une autre raison pour procéder ainsi : il nous est en effet parvenu quelques gravures antiques, où se trouve représentée une tête de Minerve, dont le casque et l'ajustement ont des points de rapprochement très-sensibles, avec les descriptions de l'ouvrage de Phidias. Or, rien n'est plus propre que ce rapprochement, à nous mettre, dès l'entrée de cette recherche, sur la voie qui peut conduire à la connaissance

[1] En supposant un plafond horizontal.
[2] Voyez ibid. *Jupiter Olympien.*

du type spécial, et du caractère d'ajustement distinctif de la Minerve dont il s'agit de retrouver l'idée.

Quelques savants et judicieux critiques ont déjà aperçu le rapport qui existe, entre la tête casquée de la Minerve du Parthénon, telle que l'a décrite en partie Pausanias[1], et celle d'une gravure antique, dont le baron de Stosch a donné la copie, pl. XIII, de ses *Gemmæ antiquæ cælatæ*. M. l'abbé Barthelemy, dans sa table de l'évaluation des monnoies d'Athènes[2], avoit commencé à rapprocher les points de similitude, qui se laissent apercevoir, entre la pierre gravée d'Aspasius, donnée par Stosch, les tetradrachmes du second coin d'Athènes, et quelques détails de la description de Pausanias. On ne sauroit dire si Stosch avoit saisi réellement les traits de ressemblance de la gravure d'Aspasius qu'il commente, et de la Minerve de l'Acropolis d'Athènes qu'il cite, tant sa citation est incomplète et fautive[3]. Eckel paroît, dans son commentaire sur ce buste de Minerve, avoir eu l'intention du même rapprochement[4]. Mais M. Levesque, dans la première excursion de sa traduction de Thucydide, sans avoir eu connoissance des conjectures précédentes, a établi le parallèle des deux têtes en question, et l'a porté à un degré de vraisemblance, qui me dispensera de produire d'autres preuves à cet égard, que la confrontation de la pierre antique avec les paroles de Pausanias. (*V*. pl. II, fig. 3.)

Un sphinx (dit-il) *est sur le milieu de son casque, et de chaque côté de celui-ci sont exécutés des griffons.* μεσω μεν ουν επικειται οι τω κρανει Σφιγγος εικων..... κατ'εκατερον δε τυ κρανυς γρυππες εισιν επειργασμενοι [5].

Si maintenant on compare à ce texte, soit la pierre gravée d'Aspasius, soit le tetradrachme d'Athènes, il est certain qu'on y trouve une très-grande conformité, dans ce qui doit s'appeler le style et

---

[1] Liv. I, chap. 24.
[2] Anacharsis, tome 7, page 282.
[3] *Voyez* page 17, planche XIII.
[4] Choix de pierres gravées du cabinet impérial, planche XVIII, page 45.
[5] Liv. I, chap. 24.

l'ajustement du casque. Une difficulté reste cependant, lorsque l'on cherche une parfaite identité en ce genre. En effet, la gravure de la pierre d'Aspasius, par Bernard Picart, et qui en développe en grand les détails, nous fait apercevoir sur ce casque plus d'objets que n'en contient notre description, et laisse quelque incertitude sur la position des griffons. On y voit, à la vérité, le sphinx placé au milieu du casque, et qui en supporte la principale aigrette. Rien de plus d'accord avec Pausanias. Ce casque est du genre de celui des Taxiarques, qu'Aristophane[1] nous apprend avoir eu trois aigrettes (τρεις λοφυς ιχοντες), et chacune des aigrettes secondaires ou collatérales, y est soutenue par une figure de cheval ailé. On observe la même disposition d'aigrettes et de supports, sur les tetradrachmes du second coin d'Athènes; en sorte que la chose paroissant avoir été d'usage, l'on peut dire que de chaque côté du casque de la Minerve du Parthénon, il y avoit un animal ailé. Mais, sur la pierre gravée de Stosch, le casque a une oreillette relevée de chaque côté, et sur cette oreillette est encore gravée une autre espèce d'animal ailé, ou de griffon. Ici donc, lorsqu'on rapproche le récit de Pausanias de la pierre d'Aspasius, s'élève cette triple question : Pausanias a-t-il entendu par les deux côtés du casque, le double endroit qu'occupent, au haut de ce casque, à droite et à gauche du sphinx, les deux animaux ailés, qu'il appelle griffons; ou bien, ayant omis ces objets toutefois beaucoup plus considérables, a-t-il fait mention par les mots, *des deux côtés*, de ce que nous appelons les oreillettes? Y avoit-il, comme sur la pierre d'Aspasius, de petits griffons ailés? Ou bien encore le graveur Aspasius a-t-il mis sur sa pierre, plus d'objets que l'on n'en voyoit sur le casque de la Minerve du Parthénon?

Cependant le tetradrachme d'Athènes passe, et avec assez de vraisemblance, pour avoir présenté dans son type, une image quelconque de la Minerve du Parthénon; et à tous égards, l'autorité de son

---

[1] Aristoph., com. de la Paix, intermède II du chœur à la fin de l'acte.

analogie est plus puissante dans cette matière, que celle de la pierre d'Aspasius. Puisqu'on y voit aux deux côtés du sphinx deux animaux ailés, supportant les secondes aigrettes, il doit paroître vraisemblable que le même ornement existoit aux mêmes endroits du casque de la statue de Phidias, et que c'est de ces animaux ailés, placés là, que Pausanias a parlé.

Au reste plus de discussion sur ces détails, ni ne conduiroit à la solution de cette légère difficulté, ni ne profiteroit à l'objet principal de cette recherche. D'une part, les ouvrages que l'on compare à la description de Pausanias, ne doivent, pas plus que leur description, se donner pour des répétitions fidèles de leur original; et d'autre part, comme je l'ai déjà dit, il s'agit plus ici de constater le genre du casque et le style de la tête de Minerve, que de déterminer, avec précision, le nombre et la place rigoureusement certaine de chacun de ses accessoires. Or, il y a dans les rapprochements qu'on vient de voir, plus que n'en exige la critique du goût, pour nous mettre à même d'affirmer que la tête de Minerve, décrite par Pausanias, étoit coiffée d'un casque, absolument du même genre que ceux du tetradrachme d'Athènes, et de la pierre gravée d'Aspasius.

Dès lors on peut assurer que l'espèce du casque donné par Phidias à sa Minerve étoit, de toutes celles que l'on connoît, la plus riche et la plus travaillée. Cette sorte de casque, dont plusieurs statues nous ont aussi conservé de fidèles représentations, offroit une multitude d'ornements divers. Outre le sphinx, et les deux animaux ailés qui occupoient, sous le panache et les deux aigrettes, la partie supérieure du casque, il y avoit sur la circonférence du front, une rangée de chevaux en relief, et vus de face, au nombre de huit. Les oreillettes relevées, de manière à découvrir l'oreille, recevoient aussi des figures, et toute la partie du derrière de la tête, ainsi que celle qui embrassoit le col par derrière, étoit travaillée en forme d'écailles.

Je ne sais, mais il me semble que quand les paroles de Pausanias n'auroient pas donné à connoître la forme, le goût et le genre d'ornement du casque adopté par Phidias, l'espèce seule et le caractère de sculpture appliqué à cet ouvrage, nous auroient induits à présumer, que le style de la pierre d'Aspasius, étoit celui qu'il convenoit de lui affecter. Qui ne voit que ce style, ainsi que celui du tetradrachme d'Athènes, appartiennent spécialement à cette branche de la sculpture, dans laquelle l'artiste, procédant par des moyens plus variés, plus composés, et mettant en œuvre le luxe des métaux et des matières précieuses, se trouvoit naturellement porté à multiplier les accessoires, les détails et les richesses?

Si donc, comme cela paroît probable, Aspasius fit une répétition, en petit, de la Minerve du Parthénon, dans le buste, dont on voit ici la gravure[1], il me semble que l'on ne doit attribuer à aucune autre cause ce luxe de parure, et cette multiplicité d'ornements; et je ne crois pas qu'il soit nécessaire de supposer, comme l'a fait le baron de Stosch, que cette tête représente une divinité penthéïque. Ainsi les pendants d'oreilles qu'on y voit, en manière de grappe de raisin, ces colliers dont les grains ont la forme d'un gland, purent exister de même dans la Minerve de Phidias, et le tetradrachme dont on a parlé, contient des indications à peu près semblables.

Nous n'avons aucune autorité sur la matière dont fut fait le casque de Minerve, mais tout porte à croire que ses ornements furent en or, se détachant sur un autre métal, ou sur un métal d'une autre teinte. Probablement aussi la tête du sphinx fut d'ivoire.

IV. — Visage de la Minerve.

Quant au visage de la statue, il n'y a nul doute sur sa matière. Tous les auteurs sont d'accord que cette matière étoit l'ivoire. *Ebore*

____

[1] *Voyez* planche II, fig. 3.

hæc et auro constat, a dit Pline[1]; αυτο δε εκ τε Ελεφαντος το αγαλμα και χρυσυ πεποιηται, selon Pausanias[2]. Or, l'ivoire dans ces statues polychromes, étoit affecté incontestablement aux parties nues et au visage. D'ailleurs, un passage de Platon que je vais rapporter tout à l'heure, l'énonce formellement. Le marbre blanc s'appliquoit aussi partiellement, comme on le verra, aux mêmes emplois, et Phidias l'avoit déjà employé dans de semblables simulacres à en former les nuds. Il proposa même aux Athéniens, selon Valère Maxime, d'en faire, ce qu'on appelle les extrémités de la Minerve du Parthénon, parce que le marbre gardoit plus long-temps que l'ivoire sa blancheur, *quod diutiùs nitor esset mansurus*[3]. Voilà à quoi se borna la proposition de Phidias, et il faut se garder de l'étendre trop, surtout en supposant comme on l'a fait, que cette proposition avoit pour objet *de préférer le marbre au mélange de l'or et de l'ivoire*[4]. Phidias ne préféroit pas le marbre à ce mélange, mais bien le mélange de l'or et du marbre à celui de l'ivoire avec l'or. Phidias ne prétendoit pas, comme l'opinion dont il s'agit le donne à entendre, faire un colosse qui n'auroit été que de marbre. La chose n'eût pu se pratiquer que par une réunion de blocs. Il prétendoit seulement exécuter en marbre le visage, les bras et les pieds, comme il le fit à la Minerve de Platée. La proposition, appuyée par la raison qu'on a rapportée, eût probablement été agréée, mais l'artiste eut la maladresse d'ajouter, que le marbre aussi coûteroit moins cher. On lui imposa silence, et l'ivoire fut préféré. *Athenienses Phidiam tulerunt quamdiu in marmore potius quam ebore Minervam fieri debere dicebat, quod diutius nitor esset mansurus, sed, ut adjecit et vilius, tacere jusserunt*[5].

Cette anecdote a encore cela d'instructif dans le sujet actuel, qu'elle

[1] Liv. XXXVI, chap. 5.
[2] Pausanias, liv. I, chap. 24.
[3] Val. Max., l. I, c. 1. Exter. exempl.
[4] M. Levesque, excurs. 1, trad. de Thucyd. Voy. *suprà.*
[5] Val. Max. *ut suprà.*

nous donne à connoître une des raisons de l'emploi de l'ivoire pour les statues des dieux. Il est évident qu'on ne trouvoit rien de trop cher, rien de trop rare, rien de trop beau, quand il s'agissoit de ces onvrages; et l'ivoire étant sans comparaison plus cher que le marbre, surtout en Grèce où cette dernière matière étoit commune, on l'y employoit précisément par la raison qui, dans beaucoup d'occasions, nous fait aujourd'hui préférer le marbre à la pierre ordinaire, lorsqu'il s'agit de monuments que l'opinion cherche à rendre recommandables.

Platon nous a conservé sur le visage de la Minerve du Parthénon, une particularité qui est très.d'accord avec le système de la sculpture polychrome, et celui de la statuaire à compartiments. Cette particularité se rapporte à la matière des yeux. Ils n'étoient pas entièrement d'ivoire, mais la prunelle en étoit faite d'une pierre précieuse que quelques critiques, du nombre desquels sont Winckelmann et l'abbé Barthelemy, ont cru être couleur d'Iris, fondés probablement sur un passage, dans lequel Maxime de Tyr dit de Phidias[1], εδημιυργησεν Αθηναν…. Παρθενον καλην γλαυκωπιν, etc., *fecit Minervam…. Virginem pulchram, cæsios oculos habentem.* Comme Phidias avait fait, ainsi qu'on l'a vu, un grand nombre de Minerves, il se peut que quelqu'une d'entre elles, surtout en bronze, ait eu des yeux bleus. Il se peut aussi que les écrivains se soient mépris, et qu'on lui ait attribué cette Minerve du temple de Vulcain, à Athènes, qu'on distinguoit par la couleur de ses yeux[2] : γλαυκυς οφθαλμυς. Mais Platon dit formellement de la Minerve du Parthénon, que Phidias lui fit la prunelle des yeux, d'une pierre, dont le ton approchoit de la couleur de l'ivoire : ως οιον την ομοιοτητα τυ λιθυ τω ελεφαντινω εξευρων[3]. *Inveniens quoad fieri potuit lapidis cum ebore similitudinem.* Je dis la prunelle des yeux, car il ne s'agit pas de la cornée qui étoit d'ivoire; il ne sauroit y avoir lieu à

[1] Dissert. 26.
[2] Pausanias, liv. I, chap. 14.
[3] Plat., Hippias major, page 99.

méprise, ου και τα μεσα των οφθαλμων ελεφαντινα ειργασατο αλλα λιθινα. *Media oculorum non eburnea fecit sed lapidea.* La pierre dont la teinte se rapproche le plus de celle de l'ivoire est la chalcédoine; et, comme dans la proportion de cette Minerve, la prunelle dut avoir trois pouces de diamètre, les deux pierres qui furent enchâssées dans ses yeux durent être fort rares.

L'effet de ces pierres se bornoit donc à indiquer la prunelle d'une manière fort douce, et tel étoit le goût du mélange de matières dans la sculpture polychrome. On n'y cherchoit point cette illusion capticuse et grossière tout à la fois, qui vise à contrefaire la couleur réelle des objets. Rien n'eût été plus facile que de choisir quelque pierre d'un ton bleu, telle qu'en eut probablement la Minerve en bronze du temple de Vulcain; mais sur l'ivoire, cette couleur eût été trop tranchante, et l'effet en eût été trop dur. Comme il entroit aussi dans l'esprit de cette combinaison de matières, d'assigner à chacune l'emploi qui correspondoit à sa couleur, il n'est pas probable que l'on ait confondu ces emplois, en faisant de même matière les chairs et les draperies. Ainsi, on pourroit affirmer, qu'il n'y avoit d'ivoire qu'aux parties nues de notre Minerve, quand Platon ne nous l'auroit pas appris.

Phidias, dit-il, *ne fit en or ni les yeux, ni le visage, ni les pieds, ni les mains de sa Minerve, mais bien d'ivoire :* οτι της Αθηνας τας οφθαλμους α χρυσας εποιησεν ουδε το αλλο προσωπον ουδε τους ποδας ουδε τας χειρας... αλλ' ελεφαντινον[1]. Il me semble qu'en énumérant tout ce qui ne fut pas d'or, mais d'ivoire, Platon laisse à penser que tout ce qu'il ne nomme pas étoit, non d'ivoire, mais de métal. Or tout ce qu'il désigne comme étant d'ivoire, constituoit les seules parties de chair visibles dans une statue de Minerve; c'est-à-dire qu'il restreint véritablement l'emploi de l'ivoire à l'exécution des nus, ce que n'a point fait M. l'abbé Barthélemy, comme je le dirai dans l'instant.

[1] Plat., Hippias major, page 99.

V. — Égide de la Minerve.

Platon toutefois n'a parlé dans ce passage que de la figure de Minerve, ce qui n'empêche pas que d'autres ornements accessoires aient pu être aussi d'ivoire, comme j'ai soupçonné que l'avoit été la tête du Sphinx au haut du casque, comme nous verrons que le fut la Victoire dans ses nus, et comme Pausanias va nous apprendre que l'étoit (toujours sans sortir du même système de répartition de matières) la tête de Méduse, placée sur la *Gorgonium* au milieu de l'égide.

Κατα το ϛεϱνον, dit-il[1], η κεφαλη Μεδουσης ελεφαντος εϛιν εμπεποιημενη, *In pectore caput Medusæ ebore fabricatum est.* Cet écrivain n'a rien dit de plus, et il ne parle pas même de l'égide. Cependant on concluroit à tort qu'elle n'existoit pas, et que la tête de Méduse se trouvoit, sans cet ornement, seule sur la poitrine de Minerve, comme il y en a quelques exemples. Ici plus d'une autorité, en réparant l'omission de Pausanias, nous permet d'affirmer, et que la Méduse occupoit le milieu de l'égide, et que cette égide étoit revêtue d'écailles et environnée de serpents d'or. Ces serpents et ces écailles furent précisément l'objet du larcin dont ont parlé Isocrates[2], Suidas et Plutarque. Or, comme on l'a déjà observé, cette égide n'eût pas tenté la cupidité, si elle n'avoit pas été d'une matière précieuse.

Il paroît que ce fut aussi un ouvrage remarquable sous le rapport de l'art, puisqu'il mérita, à celui qui l'exécuta, une mention particulière de la part de Pline. Phidias, comme on le présume, n'auroit pu suffire seul à ce nombre si considérable de grands travaux qui illustrèrent son nom. Il s'étoit formé des collaborateurs, et quelques-uns

---

[1] Paus., liv. I, chap. 24.

[2] Isocr, adv. callim., tome II, page 511. η Φιλεϱγος ο το Γοϱγονιον υφελομενος τους αλλους ιεϱοσυλους εφασκεν ειναι. *Aut Philergus Gorgonium subripuit aliis sacrilegium exprobaret.* Il paraît que ce vol avait eu lieu sous les trente tyrans.

d'entre eux sont devenus célèbres, pour avoir travaillé sous sa direction. De ce nombre fut Colotes, qu'il ne faut pas confondre avec un statuaire toreuticien du même nom, élève de Pasiteles, qui avoit fait en or et en ivoire la table où se déposoient à Olympie les couronnes des vainqueurs. Colotes, l'élève de Phidias, fut celui qui aida le plus son maître dans l'exécution du Jupiter Olympien, et c'est à lui aussi qu'on faisoit honneur du travail de l'égide dont on vient de parler. *Ægidem Minervæ fecerat Colotes, Phidiæ discipulus, et in faciendo Jove Olympio adjutor* [1].

Ainsi la Minerve du Parthénon eut une égide ornée d'écailles et de serpents d'or, et sur ce fond d'or se détachoit en ivoire la tête de Méduse. Ainsi, cette application constante de l'ivoire à tout ce qui étoit nu et chair, nous indique d'avance, quelle fut la répartition des deux matières dans le reste de la figure.

Comme la tête d'Aspasius nous a paru présenter le type de celle de Phidias, telle que Pausanias l'a décrite, le même genre d'analogie a dû nous induire à chercher le modèle de l'égide dans quelqu'une des statues de Minerve, dont la tête et le casque correspondent, soit à la description de l'écrivain, soit à la tête du graveur antique : et de ce genre est la belle Minerve de la Villa Albani. J'en ai emprunté la forme et la composition de l'égide. (*Voyez* pl. II, fig. 4.)

Je suis persuadé aussi, et toujours suivant l'inspiration de l'analogie, qui peut seule guider en cette matière, que la même statue de la Villa Albani doit nous donner le motif approximatif de l'ajustement de celle de Phidias, c'est-à-dire de la manière dont elle étoit drapée. Pausanias s'est contenté de dire sur son ensemble, qu'elle étoit debout, et que sa tunique lui descendoit jusque sur les pieds : το δε αγαλμα ορθον εστιν εν χιτωνι ποδηρει [2]. Ne trouvant aucun autre renseignement sur cet objet, il m'a semblé naturel de s'en rapporter dans le choix de

[1] Plin., liv. XXXV, chap. 8.

[2] Pausanias, *ibid.*

l'habillement de notre Minerve, aux monuments de l'art, qui ont déjà avec elle d'incontestables points de ressemblance.

VI. — De la manière dont l'or et l'ivoire étoient distribués sur la statue de la Minerve du Parthénon, et de son habillement.

En traitant l'un de ces points de critique, je dois en discuter conjointement l'autre, dont l'éclaircissement est nécessaire, pour faciliter la décision du genre d'habillement, auquel on peut s'arrêter avec vraisemblance, c'est-à-dire qu'il me faut examiner l'opinion de M. l'abbé Barthelemy, touchant *la manière dont l'or étoit distribué sur la statue de Minerve.* Tel est, en effet, le titre que ce savant académicien a donné lui-même au léger commentaire, en forme de note, dont il a cru devoir accompagner le récit qu'il fait faire à Anacharsis, de la composition qui nous occupe. Ce récit, à vrai dire, ne contient rien d'instructif sur les points douteux ou difficiles du sujet, puisqu'il n'est autre chose qu'une réunion des deux passages de Pline et de Pausanias; et l'on doit croire, que pour donner à son texte le mérite de la plus grande fidélité, l'écrivain moderne s'est restreint volontairement aux seuls éléments des deux textes antiques.

Mais, dans sa note, M. l'abbé Barthelemy énonce son opinion sur la matière dont étoit formé le vêtement de la déesse. *Elle étoit vêtue,* dit-il, *d'une longue tunique qui devoit être en ivoire.* C'est sur ce point que je ne puis être de son avis. Il sera démontré tout à l'heure, par plus d'un exemple de ces sortes de simulacres, appelés jadis d'un seul mot composé, χρυσ-ελεφαντινα, que l'or en faisoit toujours les habillements ou les draperies, lorsque l'ivoire s'y appliquoit exclusivement aux nus. J'ai déjà eu l'occasion de le montrer à l'égard du Jupiter d'Olympie[1].

Il me semble pour ce qui regarde la Minerve du Parthénon, qu'on peut déjà conclure la même chose du seul passage de Platon,

____

[1] *Voyez* l'ouvrage intitulé : *le Jupiter olympien.*

rapporté plus haut. En effet, comme on l'a vu, la conséquence de
ce passage est double ou réciproque sur cet objet. En citant tout ce
que Phidias ne fit pas d'or, mais d'ivoire, Platon fait voir aussi
ce qu'il ne fit pas en ivoire, mais en or : et sans doute, si le vêtement de Minerve eût été d'ivoire, il n'eût pas manqué de le dire,
comme il le dit des yeux, du visage, des mains et des pieds.

Que l'habillement fût d'or, je le conclus aussi, de ce poids considérable de 40 ou 44 talents d'or employés à cette statue, et dont
Périclès, selon Thucydide[1], fit voir qu'on pourroit faire ressource,
dans le cas d'une nécessité urgente, soit en empruntant sur ce gage,
soit en dépouillant la statue, à condition de remplacement. Il est
évident qu'une telle masse d'or, comme je le ferai mieux comprendre
encore tout à l'heure, eût excédé de beaucoup ce qu'eût exigé la
décoration du casque, de l'égide et des autres accessoires de la
statue. Il faut de toute nécessité que cet or ait été appliqué à la
draperie.

Mais Plutarque s'exprime à cet égard de la manière la plus signi-
ficative. Phidias, dit-il, avoit dès le commencement adapté et placé
l'or autour de la statue, de façon à ce qu'on pût l'enlever en entier :
το γαρ χρυσιον ουτως ευθυς εξ αρχης αγαλματι προσειργασατο και περιεθηκεν ο φειδιας
ωστε παν δυνατον ειναι περιελυσιν αποδειξαι τον ϛαθμον [2]. *Aurum enim sic a
principio fuerat simulacro illigatum et circumjectum, ut detrahi uni-
versum et approbari valeret ad stateram.* Nous verrons tout à l'heure
que Thucydide parle dans le même sens.

Ces autorités et ces considérations établissent donc, que l'habillement de la déesse, de quelque nature qu'il ait été, ne fut pas d'ivoire,
mais d'or.

Maintenant quel fut son habillement, et de quoi se composa-t-il,
c'est-à-dire de combien de vêtements, ou de pièces d'étoffe, et de
quelle manière en étoit l'ajustement? M. l'abbé Barthelemy l'a réduit

<hr>

[1] Thucyd., liv. II, chap. 13.
[2] Plutarch., in Pericl. à la fin.

à une *simple tunique d'ivoire,* sans doute, parce que Pausanias a dit : εν χιτωνι ποδηρει, et n'a rien dit de plus. Mais nous avons vu que cet écrivain, bien loin d'avoir eu l'intention de faire une description complète, n'a touché, qu'en les abrégeant, les notions principales. Ainsi, de ce qu'il dit que la déesse étoit *en longue tunique,* εν χιτωνι ποδηρει, ni l'on ne doit conclure que son habillement se bornoit à la tunique, ou vêtement de dessous (l'expression de Pausanias n'ayant pas un sens restrictif), ni même on n'est en droit d'affirmer, que le mot χιτων veuille signifier exclusivement, ici, ce qu'on entend par *tunique* proprement dite.

Il en est du mot χιτων comme de beaucoup d'autres mots d'usage, que l'on emploie tantôt dans leur sens spécial, et tantôt dans un sens générique. Henri Étienne a déjà démontré, qu'on le trouve chez les auteurs, appliqué à désigner indifféremment le vêtement de dessous, et celui de dessus. Ainsi, il seroit difficile d'en argumenter, surtout dans une description aussi abrégée, pour prétendre que notre Minerve n'avoit pour tout vêtement que la simple tunique.

Les statues, et une multitude de monuments antiques, au nombre et en tête desquels on doit sans doute placer les figures de Minerve, font foi que l'habillement des femmes grecques se composoit le plus souvent de deux vêtements : l'un, qui étoit celui de dessous, ou ce que nous appelons la tunique, consistoit en une étoffe taillée, cousue selon une forme déterminée, quelquefois avec et quelquefois sans manches. Cette étoffe qui se retroussoit de différentes façons, étoit assez fine, et si l'on en croit les ouvrages de l'art, produisoit des plis fort légers. L'autre partie de l'habillement, qui, selon son ampleur, étoit tantôt *la stola,* tantôt *le peplos,* se formoit d'un grand morceau d'étoffe libre, c'est-à-dire non façonné par l'art du tailleur, et enveloppoit le corps ainsi que le vêtement de dessous, avec des variétés sans nombre, si l'on veut, mais cependant soumises à quelques usages d'ajustement, dont on peut se rendre compte.

Quand on consulte les nombreuses figures de Minerve que l'antiquité nous a transmises, on ne sauroit nier que quelques-unes
n'aient été représentées avec la seule tunique. On en voit de ce
genre sur des bas reliefs, sur des gravures, et sur une des peintures de
la villa Negroni; encore la plupart ont-elles par-dessus la tunique
une espèce de *chlamydion*, qui descend à mi-corps. Mais on doit
dire, qu'en fait de statue, le plus grand nombre des Minerves porte les
deux vêtements, c'est-à-dire le *peplos* par-dessus la tunique, dont
les plis sortent, par en bas, de la draperie supérieure, et descendent
jusqu'au bas des pieds.

Tout porte donc à croire que Phidias, dans un monument de
cette richesse et de cette importance, n'aura pas omis de donner à
sa Minerve l'habillement complet, et l'ajustement de draperies le
plus grave et le plus conforme à la dignité de son sujet. J'en ai puisé
le motif toujours dans la statue citée déjà, qui m'a paru contenir
le plus de points de ressemblance avec la description de Pausanias,
et ce motif ne contredit aucune de ses paroles. (*Voyez* planche II,
fig. 4 et 5.)

En effet, comme je l'ai dit, pour avoir un *peplos*, la déesse n'en
fut pas moins *εν χιτωνι ποδηρει* en longue tunique : ce qui signifie qu'elle
avoit le genre de vêtement le plus ample et le plus majestueux. La
tunique étoit commune en Grèce aux deux sexes, la principale
différence étoit dans la longueur. La tunique des hommes soit par
elle-même, soit par l'effet de la ceinture sous laquelle elle se retroussoit, ne descendoit que jusqu'au genou, ou jusqu'à mi-jambe.
La tunique des femmes couvroit toute la jambe, mais selon les
bienséances ou les modes, elle descendoit ou jusqu'aux chevilles,
ou jusqu'au bas du pied. Pausanias va lui-même nous donner un
exemple de la première espèce. A Mégalopolis, de chaque côté de la
grande déesse, étoit une jeune fille, tenant une corbeille de fleurs.
Ces deux figures étoient représentées avec des tuniques courtes, qui
ne descendoient que jusqu'aux chevilles des pieds : *εν χιτωσι τε καθηκυσιν*

εἰς σφυρα. *Tunicis convenientibus in malleolas*[1]. Le χιτων ποδηρης non-seulement descendoit sur les pieds, mais traînoit à terre. On le donnoit quelquefois à Bacchus, auquel, comme l'on sait, on affectoit volontiers tous les attributs de la mollesse et du sexe féminin. Il étoit ainsi vêtu sur le coffre de Cypselus : διονυσος δε εν αντρω κατακειμενος... εςι ποδηρη χιτωνα [2]. Aussi le jeune Héliogabale se comparoit-il à Bacchus, dit Hérodien, parce qu'il portoit des tuniques à manche et descendant au bas des pieds : χιτωνας χρυσουφεις και αλουργεις χειριδωτας και ποδηρεις [3].

Je pense donc que Pausanias n'a voulu dire autre chose, sinon que la tunique de la déesse étoit de ce dernier genre. Toutefois, de quelque manière qu'on l'entende, si la statue n'eut qu'une simple tunique, cette tunique fut d'or; et, si on lui met une draperie par-dessus, laquelle ne fut certainement pas d'ivoire, je ne pense pas encore qu'on doive admettre que l'ivoire auroit formé les plis de la tunique, qui s'échappent par en bas de dessous la draperie, en tombant sur les pieds. On cherchoit dans cette alliance de différentes matières, pour former les étoffes et les nus d'une figure, un semblant d'illusion, qui résultoit de l'espèce de contraste produit par la variété des couleurs. Mais en admettant l'ivoire dans la formation des plis inférieurs de la tunique, cet effet eût été perdu. Les pieds ne se seroient plus détachés de la draperie environnante, par la couleur de la matière, qui approche le plus de celle de la chair. Je crois donc qu'en suivant les convenances de ce genre de sculpture, et l'espèce d'harmonie que prescrit son goût, il faut admettre, que ce qu'on voyoit des plis de dessous, aura été d'un or de couleur différente, ou d'un autre métal, et nous verrons dans la suite, que quelques accessoires de la statue furent simplement de bronze.

Enfin, s'il falloit prouver par des inductions décisives que l'étoffe

----

[1] Pausanias, liv. VIII, chap. 31.
[2] *Id.*, liv. V, chap. 19.
[3] Hérod., liv. V, chap. 5.

du vêtement quelconque de la déesse fut d'or, et non d'ivoire, je produirois en témoignage d'autres passages de Pausanias, sur des statues du même genre, passages dont le texte ne donne lieu à aucune incertitude. Tel est celui, où parlant de la Minerve de Platée, il dit : αγαλμα ξοανον εϛιν επιχρυσον. *La statue est de bois doré :* προσωπον δε οι και χειρες ακραι και ποδες λιθυ τυ πεττελησιυ εισιν. *Le visage, les mains et les pieds sont de marbre penthélique.* Le passage suivant a encore quelque chose de plus positif, en ce que l'ivoire s'y trouve expressément restreint aux parties nues. Il s'agit de la Minerve de Mégare : *Au sommet de l'Acropolis de cette ville, est situé,* dit l'écrivain[1], *le temple de Minerve. Sa statue est d'or, excepté les pieds et les mains, qui, ainsi que le visage, sont d'ivoire;* αγαλμα δε εϛιν χρυσον πλην χειρων και ακρων ποδων ταυτα δε και το προσωπον εϛιν ελεφαντος.

Je produirois beaucoup d'autres exemples de l'emploi constant des deux matières, dans leur application respective aux nus et aux draperies, si la chose rendue déjà si probable à l'égard de la Minerve du Parthénon, ne se démontroit véritablement par la somme d'or qui fut employée dans cette statue, ainsi qu'on va le voir.

VII. — De la quantité d'or employé dans la statue de Minerve.

Nous avons, sur la somme d'or mise en œuvre dans cette statue, les témoignages, un peu divers entre eux, de trois écrivains de l'antiquité, mais dont les différences ne me paroissent pas difficiles à accorder. Thucydide, auteur contemporain, l'a portée à quarante talents; Philochorus, auteur d'une description de l'Attique, et qui vivoit dans la 130ᵉ olympiade[2], parle de quarante-quatre talents, son témoignage nous a été transmis par un des scholiastes d'Aristophanes; enfin Éphore, dont Diodore a emprunté le texte en question, fait monter la somme à cinquante talents.

[1] Pausanias, liv. I, chap. 42.
[2] Voyez *Heyne,* über die Künstlerepoche. Antiquarische Aufsätze, *première partie,* page 139.

Périclès en présentant au peuple d'Athènes l'état des ressources, avec lesquelles on pouvoit entreprendre et soutenir la guerre du Péloponèse, mit l'or de la Minerve au nombre des valeurs éventuelles, auxquelles on seroit libre de toucher. Or, déjà cette circonstance prouve qu'il ne s'agit pas, comme l'ont paru croire quelques critiques, de quarante talents d'argent, lesquels évalués, selon la coutume, à 5,400 liv. n'auroient donné que 216,000 liv. Cette somme eût été trop modique, pour être présentée par Périclès comme un fonds de ressource assez important. Thucydide d'ailleurs parle de talents d'or, puisqu'il est question d'or dans la sculpture de la statue, et il parle de cet or sous le rapport de poids ; καὶ αυτης της θεου τοις περικειμενοις χρυσιοις. Απεφαινε δ'εχον το αγαλμα τεσσαρακοντα ταλεντα ϛαθμον χρυσιν απεφθν, και περιαιρετον ειναι απαν, χρησυμενυς τε επι σωτηρια, εφη χρηναι, μη ελασσω αντικαταϛησαι παλιν [1]. *Demonstrabat autem habere simulacrum quadraginta talentorum pondus auri purissimi, totumque eximi posse, etc. postquam usi essent salutis causâ, dicebat opportere non minus (ou deterius) rursum restituére.* «Que si ces ressources ne suffisoient pas, on pourroit faire em-« ploi de l'or dont étoit environné la déesse, il montra qu'il y avoit « à sa statue quarante talents pesant d'or fin. Que cet or étoit en « totalité amovible. » Et il ajouta « qu'après en avoir usé pour le « salut public, il faudroit remplacer le tout dans son intégrité. » C'est aussi de talents d'or pesant qu'il est question dans le passage de Philochorus [2] εχον χρυσιν ϛαθμον ταλεντων μ. δ. et le texte d'Éphore, rapporté par Diodore de Sicile porte : Καὶ το της Αθηνας αγαλμα εχειν χρυσιν πεντηκοντα ταλεντα [3].

Il s'agit donc, comme on le voit, de talents d'or pesant. M. l'abbé Barthélemy a évalué, d'après Hérodote, la proportion de l'or à l'argent en Grèce, de 1 à 13. Ainsi selon ce calcul, qu'on croit un peu forcé, le talent d'or valant treize talents d'argent évalués à 5,400 liv.

[1] Thucydide, liv. II, chap. 13.
[2] Aristophane, Schol. in pacem ειρηνη, vers 604.
[3] Diodore, liv. XII, chap. 39.

de notre monnaie, la somme d'or de la Minerve du Parthénon auroit été, au dire de Thucydide, de 2,720,000 liv., d'après Philochorus 2,944,000 liv. et suivant Éphore 3,560,000 liv.

On voit déjà d'après cet aperçu, qu'une telle masse d'or ne put pas être absorbée par les ornements du casque, de l'égide, de la victoire et du bouclier (supposant toujours, bien que sans preuve, les détails du casque et du bouclier en or). En effet, la plupart de ces objets étoient des figures en bas-relief, plaquées sur un fond de couleur; car je pense que Panænus avoit peint le fond du bouclier, et dans le passage de Pline, qui a donné lieu à tant de commentaires [1], je lis avec Gronovius *clypeum Athenis* au lieu d'*Olympium*, de même que j'ai préféré plus haut, le mot *Ægide* à celui d'*Elide*. Les ailes de la Victoire durent être tenues aussi d'un métal extrêmement mince, pour épargner la charge. D'où l'on peut conclure, qu'il n'y auroit pas eu matière à employer quarante talents d'or dans ces accessoires, et que, nécessairement, la plus grande partie dut être appliquée à la draperie.

Je dirai encore ce que je soupçonne, sur la proposition de Périclès et sur la somme de quarante talents, dont il présentoit la disposition comme si facile. Je ne puis m'imaginer qu'il entrât dans son intention, qu'on dépouillât le simulacre de tous les ornements qui le décoroient. Quoiqu'ils ayent été amovibles, sans doute, cependant on n'auroit pas pu les enlever, sans déparer considérablement l'ouvrage de Phidias, et leur remplacement provisoire en une autre matière, eût été sous le rapport de l'art, extrêmement difficile; tandis qu'il auroit été fort aisé, en dévêtissant l'âme de bois, de tous les compartiments de sa draperie d'or, d'y substituer, soit des lames de cuivre doré, soit même des plis d'une matière plus commune, telle que le stuc, qu'on auroit également doré, et qui, à très-peu de frais, auroit produit le même effet. Dans mon hypothèse, la somme de quarante talents d'or n'au-

[1] Liv. XXXV, chap. 8. *Voy.* encore Heyne, sur les époques de Pline, page 207.

roit été applicable qu'à la draperie ; et cela concilieroit le récit de Thucydide, avec ceux de Philochorus et d'Éphore, qui parlent l'un de quarante-quatre et l'autre de cinquante talents d'or.

J'ai supputé ce que pouvoit comporter de pieds carrés superficiels la draperie de la Minerve, dont je présente ici le dessin (*voy.* Pl. I.), et il m'a semblé, que si le métal dont elle seroit formée, se trouvoit déployé, on y compteroit quatre cents pieds carrés.

Je me suis demandé ensuite, à quelle épaisseur moyenne on pourroit réduire le métal, pour qu'il eût, selon l'étendue de ses compartiments, la solidité nécessaire, et il m'a paru, que celle d'un double louis ou d'une demi-ligne, étoit suffisante.

Un pied d'or carré à une demi-ligne d'épaisseur, selon le calcul de M. Mongez, vaut aujourd'hui en France *huit mille vingt-sept francs.*

En diminuant cette somme d'un quart, selon la proportion la plus vraisemblable de l'or à l'argent en Grèce, un pied carré de l'épaisseur donnée, auroit valu *six mille francs.* Je laisse les fractions.

Donc 400 pieds d'or carrés superficiels, à une demi-ligne d'épaisseur (celle d'un double louis), auroit fait en Grèce, une somme équivalente, pour nous, à celle de *deux millions quatre cent mille francs.* J'entends en comptant que l'or est à l'argent, comme 1 à 11 et demi, c'est-à-dire en diminuant d'un quart sa proportion, qui est chez nous de 1 à 15. Selon ce calcul les quarante talents d'or au lieu de valoir, comme le veut M. l'abbé Barthélemy, l'or étant dans la proportion de 1 à 13, *deux millions sept cent vingt mille livres,* ne vaudroient plus dans la proportion de 1 à 11 et demi, que la somme de *deux millions quatre cent six mille cent cinquante-cinq francs,* somme équivalente à la valeur de quatre cents pieds carrés superficiels d'or à une demi-ligne d'épaisseur, que nous avons trouvée être de *deux millions quatre cent mille francs.*

J'ai supputé que la draperie et les ailes de la Victoire pourroient faire, dans une proportion de cinq pieds, la figure supposée drapée à mi-corps, 60 pieds superficiels d'or, réduit à moitié de l'épaisseur ci-

dessus, ce qui feroit cent quatre-vingt mille francs. Il est difficile d'ar-
bitrer, même approximativement, les figures de bas-relief des accessoires, parce que les fonds sur lesquels on les appliqua, bien que leur
dimension soit à peu près connue, ne peuvent nous indiquer ni le nombre, ni la grandeur précise des figures. Mais selon le calcul d'Éphore
à cinquante talents, il seroit resté quatre cent vingt-un mille fr. à
une demi-ligne d'épaisseur le pied carré, pour tous ces objets.

En prenant le terme moyen, qui est celui de quarante-quatre talents d'or donné par Philochorus, somme qui vaudroit dans la proportion de 1 à 11 et demi, *deux millions six cent quarante-six mille
sept cent soixante-sept fr.*, je pense qu'on pourroit affecter deux millions à la draperie de Minerve, et le reste aux accessoires.

Si l'on regarde ceci comme une espèce de devis approximatif de ce
qu'il faudroit d'or aujourd'hui, pour exécuter une pareille statue dans
toutes ses parties, selon les épaisseurs convenues de métal, on ne
traitera peut-être pas cet aperçu d'inutile, puisqu'il peut servir à
vérifier les textes des auteurs anciens, et à faire comprendre le genre
de la sculpture que nous examinons, ainsi que du monument dont
je vais poursuivre l'analyse.

VIII. — De la Victoire portée dans la main de la Minerve du Parthénon.

Je n'ai pu traiter ce qui regarde l'habillement de Minerve sans
m'écarter de l'ordre que je m'étois prescrit, savoir, de parcourir la
figure du haut en bas; j'y reviens maintenant, en passant à la Victoire que la statue portoit dans sa main gauche.

C'étoit un des objets les plus admirés de cette composition. *Victoriâ præcipuè mirabili* a dit Pline[1]. Je dois prévenir qu'il y a des com-
mentateurs qui n'ont point appliqué ces trois mots à la Victoire
dont il s'agit, mais bien à une autre, qu'ils ont supposée faire partie
des vingt divinités sculptées sur le piédestal, et dont il sera fait men-

_____
[1] Pline, liv. XXXVI, chap. 5.

tion plus bas. Ce qui les a induits à cette opinion, c'est que la courte
notion qui se rapporte à la Victoire, suit immédiatement, dans Pline,
la notion de la base et des vingt divinités. Voici le texte.

Après avoir, beaucoup trop sommairement pour nous, parlé de la
statue, sans parler de la Victoire, Pline dit du piédestal : *In base autem
quod cælatum est Pandoras genesin appellavit. Ibi dii sunt viginti numero nascentes;* et de suite, *Victoriâ præcipuè mirabili. Periti mirantur
et serpentem et sub ipsa cuspide æream Sphingem. Hæc sint obiter
dicta, etc.* Mais d'abord il faut remarquer sur la notice entière de
Pline, que loin d'être une description formelle, elle est une simple
prétérition. *Pour faire connoître*, dit-il, *combien sont méritées les louan-
ges qu'on donne à Phidias, je ne parlerai ni de son Jupiter Olympien
ni de sa Minerve d'Athènes...* mais seulement de quelques légers
accessoires de cette figure, etc.; et ces accessoires sont le bouclier et les
semelles. Puis il passe au piédestal dont il cite brièvement les sujets. Il
dit un mot de la Victoire, du serpent et du sphinx : c'est-à-dire, qu'il
ne cite, comme il l'a promis, que des accessoires. Or, comme on le voit,
ces citations n'exigeoient pas de méthode. S'il fait mention de la
Victoire après le piédestal, cela ne prouve point que cette Victoire ait
été en bas-relief sur le piédestal. Car si cela étoit prouvé, la même chose
le seroit aussi du serpent et du sphinx, ce qu'on n'oseroit avancer.

Ici, comme dans beaucoup d'autres passages de Pline, pour rendre
cet auteur clair et intelligible, il suffiroit de pratiquer des *alinea*
dans son texte, comme ils existent indubitablement dans son style.
On s'est efforcé, très-souvent en vain, d'établir, chez lui, de la suite
entre des notions évidemment détachées, et des articles qui ne sont
rien autre chose, que les articles d'une table de matières.

Je pense donc que les mots *Victoriâ præcipuè mirabili*, doivent se
rapporter à la Victoire que le colosse portoit dans sa main, et qui
n'en devoit pas être l'accessoire le moins intéressant. Nous saurions toutefois fort peu de choses sur son compte, si Pausanias, dans sa notice
à peu près aussi raccourcie, ne nous eût appris, qu'elle avoit quatre

coudées de hauteur *και νικη τε οσον τεσσαρων πηχων*[1]; c'est-à-dire 5 pieds 9 pouces. Le Jupiter Olympien tenoit aussi de la main droite une Victoire, dont Pausanias a omis de donner la mesure. La proportion connue de celle de Minerve nous a servi ailleurs, de point de parallèle, pour restituer approximativement la dimension probable de cette Victoire. Dans des travaux et des sujets de même genre, de même goût et du même auteur, on peut sans risque emprunter d'une description, les détails qui manquent à une autre. La Victoire d'Olympie étoit d'or et d'ivoire *εξ ελεφαντος και χρυσυ*. Il peut donc être permis d'avancer, que celle du Parthénon étoit également composée de ces deux matières, quoique Pausanias ne l'ait pas dit expressément.

Quant à la manière dont l'or et l'ivoire auront été distribués dans le travail de la Victoire, je n'ajouterai rien à ce que j'ai dit plus haut, si ce n'est, que les ailes durent être d'or. Et la chose ne seroit pas douteuse, quand on ne se fonderoit que sur l'autorité des poëtes, qui désignent ainsi la Victoire, et l'appellent la déesse aux ailes d'or *χρυσοπτερος*[2] Sont-ce les artistes qui ont suivi dans ce costume l'inspiration des poëtes? Ou ceux-ci habitués à voir dans un si grand nombre de monuments, des ailes d'or à la Victoire, y auront-ils pris cet attribut métaphorique de leur divinité? Il ne paraîtroit pas étonnant que l'épithète poétique eût eu pour origine la pratique habituelle de la sculpture.

Mais nous avons, sur la matière des ailes de notre Victoire, un renseignement beaucoup plus positif. C'est un passage de Démosthène dans son plaidoyer contre Timocrate, où il compare la conduite évidemment maladroite de son adversaire et de ses complices, à la mesintelligence qui avoit désuni et trahi les voleurs de la Victoire. *Ιν ωσπερ οι τα ακροτηρια της Νικης περικωψαντες απωλυντο αυτοι υφ αυτων* [3]. *Ut quemadmodum hi qui extremitates Victoriæ resecarunt ipsi suis*

----

[1] Paus., liv. V.

[2] Aristoph. ορνιτ.

[3] Démosth. in Timocrat., page 792.

manibus perierunt. Aucun mot ne convient mieux que celui d'ακροτηρια aux ailes de la Victoire. Il est bien certain que si elles eussent été d'ivoire, des voleurs n'en auroient pas fait leur proie. Et ce fait seul indique qu'elles étoient d'or.

Le poids d'une figure ailée de près de six pieds, reposant dans la main d'une statue isolée, est un objet de difficulté, qu'on ne sauroit passer sous silence, et sur lequel je me propose de présenter quelques considérations, capables d'appuyer, et de légitimer la disposition du bouclier tel que je l'ai figuré, et placé dans l'ensemble dont j'ose offrir un aperçu. (Pl. I.)

Ce qui d'abord explique comment une aussi grande figure pouvoit être portée dans la main d'une autre, c'est outre le mécanisme intérieur des armatures, la légèreté même des matières, dont en général étoit formée l'espèce de sculpture dont il s'agit.

1° L'or qu'on y employoit étant de tous les métaux le plus cher, cette cherté même commandoit l'économie de la matière. 2° Le métal n'y étant pas fondu par grands morceaux, mais au contraire par petits compartiments, on pouvoit le réduire partout, à une épaisseur à peu près égale. 3° Le métal reposant sur une ame de bois, n'avoit pas besoin d'une aussi grande solidité, que s'il eût été isolé. Voilà pour ce qui regarde l'or. A l'égard de l'ivoire il s'appliquoit aussi sur un noyau de bois. En sorte que lorsqu'on veut apprécier la pesanteur de ces statues, il faut se les représenter, comme étant de bois dans ce qui faisoit leur matière intrinsèque.

Mais il faut encore se garder de penser que le bois y ait été plein ou massif. Ces statues, au contraire, étoient creuses comme je le prouve ailleurs, comme la nature seule de l'ouvrage l'indique, et comme le démontre un passage de Lucien, qui jette un si grand jour sur cette fabrication.

Le statuaire qui avoit à exécuter, pour la placer dans la main d'un colosse, la figure haute de six pieds à peu près, qui nous occupe, pouvoit donc en diminuer singulièrement la pesanteur, soit en évi-

dant le plus possible l'ame de bois, soit en y employant des bois
d'une substance légère, soit en réduisant à son gré la matière des revê-
tements, et en allégissant ses armatures, je ne serois pas éloigné de
penser qu'on auroit pu réduire à un poids de trois à quatre cents
livres, la Victoire dont il s'agit, sans y comprendre toutefois le petit
arbre métallique qui passoit dans sa hauteur, et qui se réunissoit à
la barre de métal, dont l'armature descendoit le long du bras de la
Minerve. (*Voyez* pl. II et III).

A quelque point qu'on diminue cette masse, c'étoit toujours une
espèce de porte-à-faux d'une exécution très-délicate. Il fallut beaucoup
d'intelligence pour rendre sa construction aussi inébranlable qu'elle
paroit l'avoir été, si nous en croyons les témoignages de l'antiquité.
La Minerve de Phidias, dit Arrien, *une fois que sa main étendue a
reçu la Victoire, reste ainsi pendant tout le cours des siècles. Phidiæ
Minerva manu semel extensá et Victoriá in eam receptá sic per omnem
stat ætatem.* [1]

Je ne saurois toutefois penser que ce porte-à-faux ait été aussi
effectif, que se l'est imaginé M. de Paw [2], dont l'opinion est, que la
Victoire portoit sur un simple embranchement du grand arbre métallique, placé dans le centre du colosse. Il n'est pas présumable
qu'une simple barre de métal, placée horizontalement, et cachée
dans le bras, eût suffi pour porter sans danger, pendant tant de
siècles, un poids tel que celui-ci. Au Jupiter Olympien, il m'a semblé, que tout naturellement le bras droit porteur de la Victoire avoit
dû trouver un appui à peu près perpendiculaire, dans la partie mon-
tante des bras du trône, et que la Victoire posée dans sa main portoit ainsi, ou à une petite distance près, sur un soutien vertical. Il
n'y a, en effet, que ce procédé qui soit solide; l'artifice du statuaire
après avoir établi un point d'appui perpendiculaire, devoit consister

[1] Arriani Epictetus, liv. XI, chap. 8.
[2] Rech. phil. sur les Grecs, tome II, page 114.

d'abord à le cacher, ou à le dissimuler, et puis, à détourner le spectateur de l'idée ou du soupçon qu'il y eut un appui mis en œuvre.

C'est à mon gré ce que Phidias doit avoir fait dans la Minerve du Parthénon. Lorsqu'on cherche à replacer dans sa composition les différents accessoires qui en firent partie, on trouve sans peine le moyen d'opérer l'effet dont je parle.

IX. — Du bouclier de la Minerve, de sa position, de son emploi, et de ses particularités.

Un des plus remarquables de ces objets accessoires, étoit le bouclier. Il suffit, comme je l'ai dit plus haut, de penser qu'il étoit orné de bas-reliefs, pour se persuader que Minerve ne le portoit pas au bras. Pausanias d'ailleurs dit expressément qu'il étoit à ses pieds, ce qui veut dire qu'il posoit à terre : τοις ποσιν ασπις τε κειται. Mais de quel coté le bouclier étoit-il placé? Les monuments répondront, ce que confirme l'usage de cette arme, savoir que Minerve devoit l'avoir du côté gauche, et que par la même raison, elle tenoit sa lance de la main droite. Mais elle avoit sa lance, dit Pline, appuyée, comme je le rapporterai plus bas, sur un sphinx. Donc le sphinx étoit à sa droite. Donc et le bouclier et la Victoire furent du côté opposé, c'est-à-dire à gauche.

Maintenant le bouclier, ainsi qu'on le verra, étoit orné intérieurement et extérieurement de bas-reliefs. Il fut donc non pas incliné ou accoté contre la figure, mais droit. Pour que le spectateur pût jouir des sujets sculptés dans son intérieur *concavâ parte*, il fut nécessaire qu'il vînt assez en avant de la statue, s'écartant un peu du corps, dans la face antérieure du monument. Or, voilà tout naturellement le point d'appui, ou du moins le moyen de cacher et de déguiser le point d'appui de la Victoire. La nature seule des choses suggéreroit cette composition et ce rapprochement. Dès lors, l'on seroit suffisamment autorisé à déduire de ces données la disposition que je présente, et à en conclure, que le bouclier renfermoit entre ses deux surfaces

les armatures, les barres de métal et les points d'appui de la Victoire,
du bras qui la portoit, et d'une partie de la statue.

Mais plusieurs passages des Anciens qui n'ont point encore été
rapprochés de ce sujet, c'est-à-dire de l'explication du mécanisme intérieur de la Minerve du Parthénon, et surtout de son bouclier, me
paraissent offrir, à cet égard, des notions fort curieuses, et très-ca-
pables d'appuyer les conjectures que je propose.

L'un de ces passages est d'Aristote, et aussi d'Apulée qui l'a traduit
librement; l'autre est de Cicéron. *On rapporte,* dit Aristote, *que Phidias, l'auteur de la Minerve de l'Acropolis, sculpta son propre portrait,
au milieu du bouclier de cette statue, et que, par un artifice secret, il le
mit dans un tel rapport avec tout le système d'assemblage de cette composition, que nécessairement, si quelqu'un voulait l'en ôter, tout l'ensemble de la statue se dissolveroit et se décomposeroit,* φασι δε τον αγαλμα-
τοποιεν φειδιαν κατασκευαζομενον την εν Ακροπολει Αθηναν εν μεση τη ταυτης ασπιδι,
το εαυτȣ προσωπον εντυπωσαθαι, και συνδησαι τω αγαλματι, δια τινος αφανȣς δημιȣργιας,
ωτε εξ αναγκης, ει τις βουλοιτο αυτο περιαιρειν, το συμπαν αγαλμα λυειν τε και
συγχειν. [1]

Appulée dans son traité *de Mundo,* qui est une imitation de celui
d'Aristote, a copié ce passage, avec cette seule différence, qu'au lieu
de rapporter le fait, sur témoignage d'autrui, il en parle comme té-
moin oculaire. *Phidiam illum quem probum fictorem fuisse tradit me-
moria, vidi ipse in clypeo Minervæ quæ arcibus Atheniensibus præ-
sidet, oris suis similitudinem colligâsse, ità ut, si quis olim artificis
voluisset exinde imaginem separare, soluta compage simulachri totius
interiret incolumitas.* [2]

Aristote employoit cette comparaison, pour montrer que Dieu
étoit, de même, le lien et le ressort conservateur du monde. Cicéron
s'en est servi sous un autre point de vue, dans son traité intitulé
Orator. Il veut montrer qu'il y a des formes de style dans lesquelles

[1] Aristote, ou celui qui est l'auteur du traité περι Κοσμȣ, tome I, page 863, édition de Paris.
[2] Apul. de *Mundo,* page 746; Ed. ad us. Delph.

on ne peut déranger l'ordre des mots, sans en rompre la valeur, et d'autres dont les parties décomposées offrent encore un certain mérite de détail. *Sicut quis* (dit-il) *Phidiæ clypeum dissolverit, collocationis universam speciem sustulerit, non singulorum operum venustatem.*[1]

Ces passages nous donnent à connoître, d'abord, que le bouclier de la Minerve du Parthénon étoit un ouvrage de compartiments et d'assemblage, ce qui est très-d'accord avec le genre de travail du reste du monument ; et ensuite, qu'il étoit comme le point de réunion des principaux appuis, et en quelque sorte la clef de toute cette construction. Il se pourroit que toutes les pièces de métal de la figure elle-même, eussent été disposées, de manière à ne pouvoir être assemblées et désassemblées, que dans un certain ordre, dont le jeu auroit dépendu de quelque pièce principale, qui en étoit ce que nous appellerions le secret, et qui venoit aboutir au bouclier.

Mais il me paroît plus simple d'entendre par les passages cités, ce que la nature seule des choses indique, savoir, que le bouclier placé où il étoit, pour offrir un support vertical au bras, cachoit dans son intérieur les diverses armatures, tant celles dont il avoit besoin lui-même, que celles qui, aboutissant à la Victoire, remontoient dans le bras, et d'autres encore, qui s'étendoient et communiquoient à diverses parties de la statue (comme on en peut voir l'esquisse dans les dessins où ces procédés sont indiqués. *Voyez* pl. II et III).

Il étoit par conséquent vrai de dire, que, si l'on eût dérangé ce qui formoit dans ce bouclier le lien de ses armatures, l'ensemble de la statue se seroit trouvé en péril d'être dissous et détruit το συμπαν αγαλμα λυειν τε και συγχειν. En effet la Victoire, la main et le bras qui la supportoient, et de proche en proche, d'autres pièces seroient tombées.

---

[1] Cicer., Orator. (tout à la fin.)

Que Phidias qui, comme on l'a déjà dit, avoit fait son portrait dans une des figures du bouclier, ait eu l'idée de disposer cette figure, de façon, par exemple, que sa tête fût, en même temps, celle d'un des écrous, ou des visses de cette armature, et qu'il l'ait faite dans le dessein qu'on dût respecter ou remarquer davantage sa ressemblance, c'est là une chose assez croyable en soi, et la tradition de cette anecdote n'a rien que de fort ordinaire. Car les conservateurs (φαιδρευνται) du monument, chargés non-seulement de nétoyer son extérieur, mais de surveiller, dans l'intérieur, toutes les parties de l'assemblage et des armatures, devoient connoître les secrets de cette construction, et tous les rapports qu'elle pouvoit avoir avec le dehors. Le petit secret de cet écrou leur étoit connu, et l'on présume bien, que c'est là une de ces petites choses, qu'on ne manque guère de montrer aux curieux, et que le plus grand nombre de ceux-ci ne manque jamais de retenir.

X. — Ornements du bouclier.

Le bouclier de la Minerve du Parthénon étoit devenu célèbre dans l'histoire, sous plus d'un genre de rapports étrangers à l'art. Mais il paroît à cet égard, encore, n'avoir pas joui d'une moindre réputation. Nous avons sur l'estime que les artistes des âges suivants lui portèrent, un témoignage d'une espèce qui sans doute ne fut pas rare dans l'Antiquité, mais dont il n'est pas fort commun de trouver la preuve authentique, parmi le peu d'écrits qui nous restent sur ces matières. Je veux dire que ce bouclier fut imité et copié par les statuaires postérieurs, dans des monuments, sans doute du même genre.

A vingt stades d'Élatée on trouvoit, selon Pausanias, le temple de *Minerva Cranea*, et le simulacre de la déesse étoit de la main des fils de Polyclès. Il paroît qu'ils l'avoient représentée dans un tout autre ajustement, que celle du Parthénon; *car elle étoit* (dit l'écrivain) *habillée en guerrière*, εσκευασμενον ως εν μαχην. Ainsi ce n'étoit pas une copie.

Cependant les auteurs de cet ouvrage empruntèrent à Phidias le bouclier de leur Minerve. Καὶ ἐπειργασται τη ασπιδὶ το Αθηνησι μιμημα επι τη ασπιδὶ της καλυμενης απο Αθηναιων Παρθενυ. *Imitatio ex Clypeo Minervæ quæ vocatur Athenis Virgo*[1]. Polyclès, selon Pline, florissoit dans la cent deuxième olympiade; il est probable que ses fils auront appartenu à la période suivante, dont Pline a fixé le plus grand éclat vers la cent dixième olympiade. Ainsi cette copie aura été faite un siècle après Phidias.

Le bouclier de la statue du Parthénon dut avoir, d'après la position que nous lui assignons, à peu près quinze pieds de hauteur. Il étoit orné de bas-reliefs sur ses deux surfaces, dont l'une étoit concave et l'autre convexe. Sur la première étoit représenté le combat des Dieux et des Géants; on voyoit à la surface extérieure la guerre des Amazones. *Scuto ejus,* dit Pline, *in quo Amazonum prælium cælavit, intumescente ambitu parmæ ejusdem concavá Deorum et Gigantum dimicationem* [2]. Je ne m'occuperai ici, ni de commenter ces sujets qui l'ont été tant de fois par les antiquaires, ni même d'en rechercher la liaison avec le sujet principal. Quant à la guerre des Dieux et des Géants, on sait que Minerve y joua un des premiers rôles, et sans doute le statuaire lui donna sur son bouclier une place distinguée. On comprend moins le rapport qu'avoit la guerre des Amazones avec Minerve, quoiqu'on en aperçoive un très-naturel entre ces femmes guerrières et la déesse de la guerre. Au reste, c'étoit le sujet favori des Athéniens, et ce sujet fut aussi tellement favorable à la sculpture, qu'on pourroit soupçonner les artistes de l'avoir accrédité avec prédilection.

Mais je l'ai dit, je m'occupe de ces objets, moins sous le point de vue de l'érudition, que sous celui de l'art et de la disposition. Il m'a donc semblé, que les deux combats n'avoient pu être sculptés et traités qu'en manière de frise, laquelle régnoit tout alentour de la cir-

---

[1] Pausanias, liv. X, chap. 34.
[2] Pline, liv. XXXVI, chap. 5.

conférence intérieure et extérieure du bouclier. C'est de cette façon
qu'est figurée dans le dessin que je présente, une partie du combat
des Dieux contre les Géants. Je dis une partie, parce que le dessin
ne permet pas d'en montrer davantage. D'ailleurs, dans l'original
même, ce côté dut être aussi interrompu par la statue et ses draperies. Il n'y eut que le côté extérieur dont la totalité put être embras-
sée par le spectateur. (*Voyez* pl. III.)

Ce fut aussi le côté le plus célèbre, et c'est à lui que se rapportent
les diverses anecdotes qu'on a citées, et quelques autres traits, que
les écrivains nous ont conservés. J'ai déjà rapporté[1] le passage d'A-
ristote, où il est question du portrait que Phidias avoit fait de sa
figure, parmi les personnages de cette composition. La proportion
de ceux-ci dut être au moins de deux pieds et demi, d'où l'on peut
conclure que l'on devait y saisir facilement les traits qui constituent
la ressemblance. Aussi le portrait de Phidias n'étoit pas le seul qu'on
y reconnût. Plutarque nous apprend que l'artiste y avoit introduit
celui de son protecteur. Le statuaire s'étoit représenté sous la forme
d'un vieillard chauve, qui de ses deux mains tenoit une grosse pierre
élevée. (*Voyez* pl. III ces deux figures empruntées d'un vase grec peint
représentant le même sujet.) Quant à Périclès, il étoit vu aux prises
avec une Amazone. Son bras étendu et armé d'un javelot, déroboit
une partie de son visage. Mais (dit Plutarque) la précaution même
employée pour dissimuler sa ressemblance, étoit précisément ce qui
la faisoit remarquer de toutes parts. (C'est ainsi que je traduis ce
ce passage, qu'on a toujours trouvé obscur, et qui me paroit avoir
été mal compris) .... και τ𝛖 Περικλε𝛖ς εικονα παγκαλην ενεθηκε μαχομενον προς
Αμαζονα. Το δε σχημα της χειρος ανατεινυσης δορυ προ της οψεως τ𝛖 Περικλε𝛖ς πεποιη-
μενον ευμηχανως οιον επικρυπτειν βουλεται την ομοιοτητα παραφαινομενην εκατερωτεν.
*Figura manus attollentis hastam præfacie Pericles artificiose facta fuit
quasi tegere vellet similitudinem undique perspicuam*[2].

[1] *Voyez* ci-dessus.
[2] Plut. in Pericl., tome I, page 169.

Ce passage signifie donc, que Phidias n'osa pas faire ouvertement
le portrait de Périclès. Il étoit déguisé lui-même sous la forme d'un
vieillard chauve, jetant une grosse pierre. Il fit Périclès lançant un
javelot, et vu de manière, que son bras cachoit une partie de sa tête
jusqu'aux yeux. Dion Chrysostome confirme cette particularité : *On
rapporte, dit-il, que Phidias n'a introduit la figure de Périclès sur le
bouclier de Minerve que d'une manière cachée.* Περιϰλεα δε ϰαι αυτον λαθων
εποιησην ως φασιν επι της ασπιδος.

La chose s'explique et par l'histoire de Périclès, et par la connoissance que nous avons de la manière de penser des Athéniens. Ce
peuple jaloux de toutes les espèces de distinctions qu'il n'accordoit
pas, ne paroît point avoir souffert que les ordonnateurs des travaux
publics, ni ceux qui les exécutoient, y inscrivissent leurs noms. Plutarque s'est trompé sans doute, lorsqu'il dit que le nom de Phidias
étoit écrit sur la base de la Minerve. A la vérité le piédestal du Jupiter d'Olympie portoit cette inscription : *Phidias fils de Charmides m'a
fait.* Mais c'est que, chez les Eléens, il régnoit l'usage contraire,
comme en fait foi ce grand nombre de statues décrites par Pausanias
dans l'Altis, et portant le nom de leurs auteurs. Cicéron d'ailleurs
plus croyable sur le fait en question, que Plutarque, avance formellement, que *Phidias plaça son portrait sur le bouclier de la Déesse,
n'ayant pas eu la liberté d'inscrire son nom. Phidias sui similem speciem
inclusit in clypeo Minervæ cum inscribere non liceret.*[2] Son propre portrait ainsi que celui de Périclès, placés sur le bouclier, étoient donc
une manière indirecte, soit d'éluder la loi, soit de blesser l'usage. Cela
doit suffire pour nous expliquer les précautions prises par Phidias
dans la composition des deux portraits. Et l'on voit en même tems,
que dans une démocratie, où le droit d'accuser étoit aussi illimité
quant aux personnes, et quant aux choses, la dénonciation dut
trouver là plus d'une occasion de s'exercer.

[1] Dion Chrysos. orat. 12, au commencement.
[2] Cicer. Tuscul., liv. I, chap. 15.

Il y avoit par exemple, à Athènes, tant de prétextes ou de motifs
à l'accusation d'impiété; on pouvoit y regarder comme sacriléges, tant
d'actes qui changeoient de forme et de couleur au gré des passions
du moment, que tout naturellement l'application de ces deux portraits sur le bouclier de Minerve, dut passer pour une profanation
de la sainteté de son image. Il paroit que l'accusateur Ménon [1]
n'ayant pu réussir à attaquer Périclès, en la personne de Phidias,
sous le rapport de dilapidation et d'infidélité dans l'emploi de l'or
appliqué à la statue, on se rejeta sur le fait des deux portraits, et que
cette accusation, jointe à d'autres griefs, dont on vouloit se faire
un moyen d'atteindre Périclès, fit condamner Phidias à la prison. Il
n'y mourut pas cependant, comme Plutarque l'avance. Cela est dé-
menti par trop d'autres circonstances. Si l'on en croit un passage d'A-
ristophane [2], Phidias prévint les suites du jugement et parvint à s'y
soustraire, en s'éloignant d'Athènes. Il passa en Élide, où il exécuta
son Jupiter Olympien. Par dépit contre les Athéniens, il voulut en
faire son chef-d'œuvre. Ce le fut en effet, et la Minerve du Parthénon se trouva placée au second rang. Certes il n'y eut jamais ni de
plus heureuse calomnie, ni de plus louable vengeance.

Je ne trouve aucun renseignement qui confirme ce que l'on peut
croire sur la matière dont étoient formés les bas-reliefs du bouclier.
Ils furent probablement d'or, se détachant sur un fond de bronze
qui faisoit le corps de l'ouvrage. Il n'est pas à présumer que ces légers
détails, où l'or devoit être employé avec plus d'économie, aient fait
partie des dépouilles que le tyran Lachares enleva du temple de Minerve. Pausanias raconte [3] que menacé d'être forcé dans la citadelle,
par Démétrius fils d'Antigonus, qui d'abord avoit favorisé sa tyrannie,

[1] Plut. in Pericl.

[2] Aristophane, ειρηνη vers 604. Πρωτα μεν γαρ αυτης ηρξε Φειδιας πραξας κακων, *causa prima fuit
Phidias fuga pœnas luens.* Πραττειν κακως ne signifie pas précisément être exilé, mais bien avoir à
souffrir d'un mauvais traitement. D'où l'on peut conclure que Phidias subit une condamnation
quelconque.

[3] Paus., liv. I, chap. 25.

il s'enfuit, en emportant les boucliers d'or du temple (ce qui n'a aucun rapport avec le bouclier de Minerve). Mais les paroles suivantes y sont plus appliquables, *και αυτο της Αθηνας το αγαλμα τον περιαιρετον κοσμον.* Au reste Lachares ne jouit pas long-temps du fruit de son sacrilége. L'opinion qu'on avoit de ses richesses le fit tuer par les Coronéens. Peut-être les Athéniens recouvrèrent-ils alors les objets d'ornement enlevés à leur Déesse. Dans tous les cas, ou ceux du bouclier n'avoient pas été volés, ou ils furent rétablis et restitués. Car plusieurs siècles après, les écrivains dont j'ai invoqué plus haut le témoignage, et Pausanias qui écrivoit sous Hadrien, virent la statue de Minerve, avec tous ses accompagnements et tous ses détails accessoires. De ce nombre étoit le serpent.

XI. — Du serpent et du sphinx.

La place que je lui ai donnée dans mon dessin, en le groupant avec la partie inférieure du bouclier, m'a paru être la seule qui puisse lui convenir, pour qu'il soit visible en face, mais surtout pour concilier les deux descriptions de Pline et de Pausanias. Car sur ce point leurs récits diffèrent.

Selon les paroles du texte de Pline, il y avoit sous la lance de Minerve un sphinx de bronze, *et sub ipsa cuspide æream sphingem.* Suivant Pausanias, c'est le serpent qui est près de sa lance, *και πλησιον τ8 δορατος δρακων ες-ιν.* Pour admettre ensemble ces deux accessoires, selon le sens de chacun des deux passages, il faudroit que le serpent se fût trouvé groupé et avec le sphinx, et avec le bas de la lance, ce qui auroit fait confusion et surcharge d'accessoires dans un seul point. Il y a ici deux suppositions probables, l'une que Pausanias auroit omis de faire mention du sphinx d'en bas, et se seroit mépris, en plaçant le serpent du côté et tout près de la lance. L'autre hypothèse est que Pline se seroit trompé, ou plus probablement encore quelque copiste, en écrivant *cuspide* pour *casside.* Si l'on adoptoit

cette correction ou cette variante, que je ne trouve toutefois dans
aucune édition, alors le sphinx dont parle Pline, et que les connois-
seurs admiroient, seroit le même que nous avons vu, d'après les paroles de Pausanias, placé sur le sommet du casque. Μεσω μεν επικειται οι
τω κρανει Σφιγγος εικων.

De quelque manière que l'on fasse accorder les deux textes, il me
paroit qu'il ne doit y avoir aucun doute sur l'existence du serpent
aux pieds de la statue. Car Pline et Pausanias en font également mention, et l'on peut joindre à leur témoignage, celui de Plutarque, dans
son traité d'Isis et d'Osiris. A son avis l'intention de Phidias, en
employant ce symbole du serpent, réuni à la figure de la Vierge
(ainsi appeloit-on Minerve), avoit été de signifier, qu'il falloit donner des gardiens à la virginité : τω δε της Αθηνας τον δρακοντα Φειδιας παρε-
θηκε ... ως τας μεν παρθενυς φυλακης δεομενας [1]. *Minervæ simulachro draconem
Phidias addidit, significans Virgines custodiâ opus habere.*

Pausanias ne donne point à ce serpent une signification aussi allé-
gorique. Selon lui c'étoit le symbole d'Érichtonius. Rien ne prouve
mieux combien chez les anciens eux-mêmes, le sens d'un grand
nombre de signes, étoit resté, ou devenu équivoque, et combien sont
hasardeuses aujourd'hui les tentatives que l'on fait pour soumettre
à un système uniforme d'explication, des choses qui jadis, ne procédant peut-être pas d'une source unique, ne se rapportoient peut-
être pas non plus à un but bien déterminé.

Nous ignorons de quelle matière fut le serpent de notre Minerve.
M. de Caylus avance, par méprise sans doute; car je n'ai pu trouver
sur quel fondement, que *ce serpent étoit de bronze ainsi que le sphinx;*
ce qui lui donne lieu de s'écrier : *Quel alliage de couleurs et de matières ! On a peine à concevoir leur agrément* [2]. Pour moi j'ai plus de
peine encore à concevoir comment on peut s'étonner de l'alliance

___

(1) Plut. de Isid. et Osirid., sur la fin.
(2) Mémoires de l'Académie, tome XXV, page 319.

du bronze avec l'or, dans un travail de ce genre, surtout lorsqu'il fut si facile de donner au premier de ces métaux les teintes les plus en accord avec tout l'ensemble.

Incontestablement Phidias employa le bronze dans plus d'une partie de cette composition, et en vue d'introduire quelques variétés de ton parmi ses accessoires. Peut-être l'économie seule lui conseilla-t-elle d'user d'un métal moins cher, peut-être aussi en usoit-il, pour assortir, en quelque sorte, les matières à la qualité même des divers objets représentés. Qui sait encore si cet emploi d'un métal commun n'étoit pas un petit artifice de l'art, un moyen de contraste, propre à faire mieux ressortir la richesse et l'éclat de l'or?

Quoi qu'il en soit, si nous devons en croire Pline, sur la place qu'il fait occuper au sphinx, *sub ipsá cuspide*, ce sphinx fut de bronze. Je crois qu'on peut affirmer que la lance fut du même métal. On doit être d'autant plus porté à le croire, que cette arme tenue par la main droite, fut très certainement le support obligé de l'armature qui passoit dans le bras, et qui le soutenoit en l'air, comme on peut le voir dans les dessins. Pl. II et III.

XII. — Des semelles de la chaussure de Minerve.

Ce qui reste à décrire de détails appartenant à la statue proprement dite, regarde sa chaussure. Rien n'a plus prêté à la critique des censeurs du genre de sculpture, dont je cherche à développer et à justifier le goût, que cet ornement placé par Phidias sur la semelle des sandales de sa Minerve. Rien en effet n'est moins compatible avec les pratiques et les habitudes de la sculpture moderne. Il faut pour se faire à cette idée, penser d'abord, qu'il s'agit d'un colosse de trente-sept pieds, sur lequel les plus petites parties lisses étoient d'assez grands espaces. Il faut ensuite se souvenir de ce que j'ai dit plus haut, savoir, que l'on considéroit ces sortes de colosses, à peu près comme le décorateur envisage un monument d'architecture,

c'est-à-dire sous le rapport des ornemens qu'il peut recevoir. Mais
avant de discuter les objections élevées contre cet ajustement, il faut
se rendre compte du genre de la chaussure en question , de l'épaisseur des semelles, et par conséquent de la hauteur du champ qu'occupèrent les bas-reliefs.

C'est Pline qui nous a transmis cette notion, et c'est uniquement,
comme on l'a déjà dit, par ces légers détails, qu'il a prétendu faire
voir, comment le génie de Phidias savoit réunir dans ses monuments,
à la conception des plus grandes masses, l'intelligence des plus petits
accessoires. *In soleis*[a] *vero Lapitharum et Centaurorum dimicationem.
Adeo momenta omnia artis illius compacta fuere. Sur les semelles il
représenta le combat des Lapithes et des Centaures.* Il peut y avoir
deux manières d'interpréter la dernière phrase : l'une en laissant sub-
sister le mot *momenta* seroit, *tant toutes les qualités de son art, c'est-
à-dire, tous les genres de talent se trouvoient réunis en lui;* ou bien
l'on pourroit dire, en lisant *monumenta,* tant *tous les monuments de
son art furent pleins, remplis, abondants en sujets, et riches en détails.*

Mais il y a dans la phrase qui fait l'objet principal de ce para-
graphe , un mot qui peut prêter à un double sens plus réel, et
que je dois prévenir. C'est le mot *solea,* qui signifie quelquefois la
chaussure prise en général, et non pas simplement la semelle. Or l'on
pourroit, pour éluder l'application des bas-reliefs sur les semelles ,
supposer que les figures, comme il y en a des exemples dans l'antique,
auroient occupé cette partie de la chaussure qui couvroit le dessus-
de-pied. A quoi je réponds d'abord que si *solea* peut quelquefois signifier toute la chaussure, c'est en tant que celle-ci se compose d'une
semelle attachée par de simples courroies. Or l'emploi des courroies
repousse la supposition dont on vient de parler. Je réponds ensuite,
que quand cette hypothèse seroit admissible, par la signification du
mot, les dimensions du monument s'accordent à la repousser. La

[a] Plin., liv. XXXVI, chap. 5.

proportion de tout cet ensemble nous a déjà fait voir, et l'on prou-
vera encore tout à l'heure, que l'élévation du piédestal ne dut pas être
moindre de huit à dix pieds. Si donc les figures dont il s'agit se
fussent trouvées comme brodées sur la partie supérieure de la chaussure de Minerve, on comprend que, par le fait même de cette position, elles n'auroient pu être saisies ni presque aperçues par l'œil du
spectateur, placé nécessairement à plusieurs pieds au-dessous.

La seule raison du point de vue démontre que la position de
ces figures ne fut pas horizontale, mais bien verticale. Et l'on verra
que, dans la proportion de la statue, la superficie formée par l'épaisseur des semelles fut très-susceptible d'admettre des figures, faciles
à distinguer d'une distance de huit à dix pieds, qui n'en étoient que
cinq ou six pour l'œil du spectateur. C'est ce que va nous montrer le
résultat des notions qu'on a recueillies sur les chaussures des anciens.

Je n'ai pas le dessein d'entrer ici dans la recherche des variétés que
comporte cette partie du costume antique. La seule que j'ai quelque intérêt à faire connoître, est celle qui regarde la hauteur des semelles. Or entre leurs diverses espèces, il y avoit celle que l'on appeloit *Tyrrhénienne*. Ces sortes de semelles, qui, nonobstant leur hauteur, devoient être légères et flexibles, se composoient de liége.
Quelques antiquaires prétendent même que ce nom de Tyrrhénienne leur vint, de ce que l'on tiroit le liége de la Tyrrhénie, ou ce
qu'on nomme en partie aujourd'hui la Toscane, pays qui a toujours
produit en abondance, soit sur les bords de la mer, soit dans les
montagnes, l'arbre dont l'écorce forme le liége.

La chaussure tyrrhénienne n'étoit pas faite d'un seul morceau de
liége. On l'élevoit sur trois ou quatre épaisseurs de semelle. C'est ainsi
qu'étoit pratiquée la chaussure des acteurs de théâtre, à laquelle on
donnoit le nom de cothurne. On en voit une semblable à la muse
tragique, sur le bas-relief des muses du Capitole. Plusieurs statues
fort connues ont les semelles tyrrhéniennes. Telle est aussi une petite
muse assise, que cette chaussure auroit pu faire restaurer dans une

autre intention. Telle est la figure dite la Junon du Capitole. Sa semelle présente l'indication de plusieurs semelles cousues l'une sur
l'autre, à moins qu'on ne prenne ces différentes coutures pour un
simple ornement ou un jeu du ciseau.

Ce peu de notions suffiroit pour rendre compte de l'épaisseur des
semelles de la Minerve du Parthénon, et faire présumer le genre de
sa chaussure. Mais Pollux nous a transmis un renseignement décisif
sur l'identité de la chaussure tyrrhénienne, avec celle que Phidias
donna à sa statue. Voici ce qu'il dit au mot Τυῤῥηνικα. — το καταδυμα
ξυλινον τετραδακτυλον, οι δε ιμαντες επιχρυσοι, σανδαλιον γαρ ην, υποδησε δε αυτο
Φειδιας την Αθηναν [1]. *Calceamentum ligneum quatuor digitorum, Lora
aurea, sandalium enim erat. Hoc Minervæ induit Phidias.*

Cette chaussure étoit donc du genre de celles qu'on appeloit *Sandalium,* sandale, c'est-à-dire, que la semelle n'étoit attachée au pied
qu'avec des courroies, et non du genre des souliers creux, qui cou-
vroient le dessus du pied. Ainsi les ornements en figures ne furent
pas sculptés horizontalement sur la chaussure. Ainsi ils le furent sur
la hauteur de la semelle et dans son épaisseur, et l'épaisseur d'une
semelle tyrrhénienne étant de quatre doigts, c'est sur cette mesure
qu'on peut supputer la dimension de celle d'un colosse tel que celui
du Parthénon.

Quatre doigts font deux pouces et demi de haut. S'il falloit argumenter à la rigueur de la mesure naturelle et ordinaire donnée par
Pollux, et la multiplier par six, selon l'échelle de proportion de la
Minerve, on trouveroit que la hauteur de ses semelles auroit été de
quinze pouces. Mais ces mesures dans les statues (et nous en avons
la preuve) étoient subordonnées à beaucoup d'autres convenances
que celles de la mode. Il est probable d'après les exemples cités plus
haut, que les statuaires réduisoient, et avec beaucoup de raison,
la dimension tyrrhénienne. Vraisemblablement Phidias en fit autant

______

[1] *Onomasticon,* liv. VII, chap. 22.

Mais on peut croire qu'il donna au moins dix à douze pouces d'élévation aux semelles de sa chaussure. Selon ce calcul, les figures des Centaures et des Lapithes auroient toujours pu avoir huit à dix pouces de hauteur, et même une plus grande proportion, selon leurs attitudes plus ou moins inclinées ; or cette grandeur fut très suffisante pour qu'on ait pu en jouir et les voir très-commodément, à la distance d'où le spectateur étoit tenu de les considérer. Car ces petits sujets, sur lesquels on a tant multiplié les censures, ne devoient être vus, qu'à mesure qu'on s'approchoit du colosse, et lorsque l'œil cessoit de pouvoir en embrasser l'ensemble. Alors on jouissoit de ces détails, qui loin de nuire, comme on l'a répété plus d'une fois, à l'effet général, ne pouvoient d'aucune manière en faire partie.

XIII. — Quelques observations sur les détails de cette sculpture.

Rien de plus futil, à mon avis, que la plupart des reproches adressés à ces grands ouvrages de l'art antique, par les critiques modernes. Il semble à les entendre que tous ces petits bas-reliefs d'ornements, répartis sur les divers accessoires des colosses d'or et d'ivoire, étoient autant d'objets dominants, capables de faire diversion à l'impression générale, qu'on devoit recevoir de leur masse, en détournant la vue, ainsi que l'esprit, de l'attention due à l'ensemble.

Mais rien de tout cela ne pouvoit avoir lieu comme on se l'imagine.

Du point de distance d'où l'œil devoit embrasser la totalité de la composition, ces détails diminuoient trop à la vue, pour être, les uns saisis dans leur intégrité, et les autres même aperçus. Ils n'étoient donc pas en état d'opérer la distraction qu'on suppose. Ni combat, ni rivalité d'effet, n'eussent été possibles entre une masse en ronde bosse de trente à quarante pieds, et des détails en bas-relief d'un à deux pieds de proportion. L'impression de grandeur, et celle de l'unité, si importantes, il est vrai, à ménager dans de tels ouvrages,

ne pouvoient se trouver, ni affaiblies, ni altérées par d'aussi légers
accessoires. Autant vaudroit dire, que les broderies d'un manteau
détruisent l'effet de la figure qui en est habillée. Or tous ces détails
de bas-reliefs dont il s'agit, n'étoient que les broderies d'un grand
ensemble. Disons encore, qu'ils étoient dans les ouvrages de l'art,
une imitation de ce qu'on voyoit tous les jours dans les usages de la
vie, et dans ce qu'on peut appeler la nature en ce genre. Les guer-
riers portoient ainsi des casques, des cuirasses, des boucliers ornés
de bas-reliefs. Pourquoi l'art auroit-il privé les statues, de ces orne-
nements consacrés par les pratiques les plus usuelles.

Mais, objecte-t-on, si ces détails étoient trop légers pour nuire à
l'effet principal, du point de distance d'où l'ensemble devoit être vu,
s'ils étoient à peine sensibles à l'œil, ils étoient donc inutiles; on peut
donc toujours les condamner comme rédondants et objets de luxe.
L'objection, comme l'on voit, changeroit de face, et alors il faudroit
répondre que les ouvrages de la sculpture, comme ceux de l'architecture (disons mieux comme tous ceux de la nature, comme tous
ceux qui sont du ressort non de l'apparence mais de la réalité) ont,
il est vrai, un point de vue principal, mais que ce point de vue ne
s'oppose pas à ce qu'il y en ait d'autres. Rien n'empêchoit d'approcher de ces colosses, comme rien n'empêche d'approcher de la colon-
nade d'un temple.

Il entre dans les principes du goût et de la convenance, en architecture, que la masse générale du monument, fasse de loin un effet,
et un autre effet de près. De loin, l'œil aperçoit à peine ces ornements
délicats, dont tous les membres de la *modénature*, sont en quelque
sorte brodés. La nature des choses le veut ainsi. Ces détails, s'ils
étoient trop sensibles, détruiroient le plaisir que notre ame trouve
dans la perception d'un grand tout, et de l'effet qui résulte de son
unité. Mais comme d'autres points de vue remplacent ce premier aspect, au plaisir de l'ensemble et de la totalité, succède aussi celui
que procurent les parties et leurs détails. Se plaindre de ce qu'on ne

peut ni à la fois, ni également jouir de l'ensemble, et de ses plus petits accessoires, ce seroit accuser la conformation de notre manière d'être, de nos sens, et de notre esprit. Mais trouver mauvais qu'il y ait des détails, qui ne puissent être aperçus dans un monument, qu'après qu'on a embrassé son ensemble, et les taxer, à cause de cela, d'inutiles, et les appeler un luxe vicieux, parce qu'ils ne concourent pas nécessairement à l'effet général, c'est blâmer l'art, de procéder dans ses ouvrages, comme la nature procède dans les siens.

Je ne m'arrêterai pas davantage sur cette controverse oiseuse. Car au fond personne ne s'est encore avisé de censurer sous ce rapport les œuvres de l'architecture. Mais j'ai voulu tirer de ce parallèle la conclusion, que ce qui est vrai, légitime et nécessaire dans les monuments de cet art, l'est aussi dans certains ouvrages de la sculpture.

Le statuaire ne peut pas, plus que l'architecte, vous faire voir du même point de distance, et les grandes masses d'un colosse, et les détails de ses parties. Pourvu que ces détails ne produisent aucune confusion dans l'ensemble, vous n'avez aucun reproche à leur faire. Après avoir joui de l'ensemble du colosse, vous en approchez-vous ? les ornements partiels vont vous présenter un autre genre de plaisir, auquel l'effet du tout, dont il n'est plus question, ne sauroit nuire. Voudriez-vous jouir tout à la fois des deux ? vous demandez ce qui ne se peut; et c'est parce que cette réunion de jouissance et d'effet est impossible, que le vice dont on se plaint est imaginaire.

Le goût cependant pourroit se permettre une prévention contre cet emploi de petites parties, et de détails multipliés dans un grand ouvrage. On pourroit soupçonner l'artiste, qui s'y adonneroit trop, d'être capable de négliger en faveur de ces travaux subordonnés, le grand caractère qui fait le premier mérite des œuvres colossales. Il arrive en effet, assez naturellement, que le penchant qu'on a pour les détails, et que l'habitude de faire en petit, rapetissent la manière de sentir, de voir et d'exécuter. Rarement le même homme excelle

dans des ouvrages de dimension si opposée. C'est ainsi qu'en peinture, par exemple, on semble croire que le genre de la miniature est
incompatible avec ce qu'on appelle le grand genre, et exclut les qualités du talent requis pour l'histoire.

A cela, il y auroit plus d'une réponse, qui exigeroit aussi plus
d'une distinction. Mais qu'y a-t-il besoin de s'arrêter à l'égard de Phidias, et à de telles objections et au soin de les détruire, lorsqu'il est
constant qu'aucune d'elles ne peut s'adresser à lui, lorsque l'on sait,
qu'aucun artiste n'eut une plus grande manière, et qu'un de ses principaux mérites fut d'avoir réuni tous les genres, et d'avoir été également grand dans les plus petits, *æqualem magnificentiam fuisse et in
parvis?* [1] (Je serois porté à croire qu'ici le mot *magnificentia* doit être
pris dans le sens positif de sa composition.)

A vouloir donc appeler la simple critique du goût, et sur ces matières et sur les bas-reliefs des semelles de la Minerve du Parthénon,
je conçois que ces bas-reliefs, dans leur application à la partie dont il
s'agit, pourroient donner lieu à deux questions relatives, l'une à la mesure, à la quantité d'ornements qui doivent trouver place dans un ensemble de décoration, l'autre à la convenance des parties, où, dans une
statue surtout, on peut se permettre de placer de tels ornements.
Quant à la première question, il faudroit peut-être avouer, ce qui
l'a déjà été par moi ailleurs, que chaque genre de sculpture ayant
ses qualités et ses défauts correspondants, l'abus de la toreutique ou
sculpture sur métaux, fut de multiplier les ornements au delà de ce
que comporte souvent la véritable richesse. Et quant à la question
de convenance, je crois qu'on n'y trouveroit de réponse, que dans
la manière dont on avoit autrefois l'habitude d'envisager les simulacres religieux.

Il faut en effet se persuader, que ces grandes images des divinités
placées dans les sanctuaires des temples, n'y figuroient pas unique

____

[1] Pline, liv. **XXXVI**, chap. 5.

ment sous le simple rapport de l'art que nous y cherchons aujourd'hui. Les combinaisons théoriques d'effet, de perspective, d'ensemble, d'harmonie qui entrent exclusivement dans notre manière de voir et de juger ces grands monuments de l'esprit religieux d'autrefois, n'étoient pas à beaucoup près jadis aussi dominantes, que nous semblons le croire, aujourd'hui, que ces monuments sans rapport avec nos croyances, ne sont plus pour notre imagination que des œuvres de l'imitation.

Si, comme je l'ai fait entendre, les colosses d'or et d'ivoire se considéroient à peu près comme les ouvrages de l'architecture, c'est-à-dire comme susceptibles d'offrir aux compositions de l'art de nombreux emplacements, ces sujets de composition, ces bas-reliefs, ces frises en figures, y étoient aussi, comme dans les édifices, destinés à remplir une fonction historique ou religieuse; et cette fonction première l'emportoit souvent sur les considérations alors très-secondaires, de la théorie du goût, dans l'art d'employer et de distribuer les ornements.

On sait assez d'où procéda en Grèce cette habitude d'employer l'art du dessin, à la représentation des idées mythologiques, comment cet art, né de l'écriture, ou né avec elle, en conserva toujours quelques propriétés, et comment, dans la sculpture surtout, le point de vue de l'agrément, dut souvent rester subordonné à celui de l'utilité, particulièrement lorsqu'il s'agissoit des effigies religieuses. J'ai développé ailleurs quelques-unes de ces considérations, et d'autres encore qui se rapportent à l'école, dans laquelle paraît s'être formé l'art primitif des Grecs, c'est-à-dire à l'origine de ce goût qui emploie les figures, jusqu'à un certain point, dans l'intention et selon l'esprit de l'écriture.

La religion, qui s'étoit spécialement approprié ce goût, exigeoit donc que l'artiste employât son talent, à devenir l'interprète et l'historien de toutes les croyances sacrées, de toutes les traditions théogoniques. Il falloit qu'un monument tel que la Minerve du Par-

thénon, offrit au spectateur, non pas seulement ce que nous en exi-
gerions aujourd'hui, je veux dire un ensemble de rapports capable
de plaire au goût, mais un ensemble de faits mythologiques. Il falloit
qu'un semblable monument servît la religion, en reproduisant, sous des
formes plus parfaites, les anciens éléments des croyances mystiques.
L'on pourroit dire, à cet égard, qu'un ouvrage de ce genre, selon
l'esprit des Grecs, et selon la manière d'être de leur culte, étoit, ce
que seroit pour nous, un nouveau traité de théologie dogmatique ou
d'histoire sainte.

C'est ce que présentoit effectivement, si l'on peut s'en permettre
la comparaison, l'ensemble des sujets exécutés par Phidias, sur le
piédestal de la Minerve, ouvrage aussi varié qu'étendu, et dont il
me reste à parler.

XIV. — Du piédestal de la statue, et des bas-reliefs dont il étoit orné.

Il nous est parvenu peu de notions sur ce grand travail. Nous ne
devons dans la réalité qu'à Pline, et au peu de mots qu'il en a dits, le
moyen de nous former une idée assez vraisemblable de cette partie
du monument.

On peut conclure d'un passage du rhéteur Thémistius, que les bas-
reliefs et la décoration du piédestal, occupèrent long-temps Phidias.
« Quoique cet artiste, dit-il, fût fort habile à représenter avec l'or et
« l'ivoire la figure des dieux et des hommes, cependant il avoit besoin
« de beaucoup de temps et de loisir pour ces ouvrages. On dit en
« effet que dans l'exécution de sa Minerve, il employa un assez long
« espace de temps aux travaux du piédestal de la déesse. » ει και σφο-
δρα ην σοφος ο φειδιας εν χρυσω και ελτφαντι μορφην επιδειξασαι θειαν η ανθρωπινην ομως
χρονε γε εδειτο και χολης πλειονας εις τα εργα. λεγεται ουν ηνικα εδημιεργει την Αθεναν,
ουδε εις την κρεπιδα της Θεε μενην ολιγε χρονε προςδενθηναι. *Etiamsi ad exprimen-
dam auro atque ebore Dei atque hominis effigiem valdè peritus esset Phidias, nihilominus tamen ad opera perficienda multo indigebat tempore*

*atque otio. Fertur itaque quandò Minervam sculpebat non parùm tem-
poris in solam deæ basim impendisse.*

Rien de plus croyable, sans doute, si l'on réfléchit à l'étendue
qu'avoit ce piédestal, par conséquent à la grandeur des superficies
qui furent couvertes de figures, et au nombre très considérable de
sujets en bas-reliefs, répartis sur ces surfaces, toutes choses qui se
concluent sans difficulté, des proportions du monument, et de la
courte notion de Pline.

*In base autem quod cælatum est Pandoras genesin appellavit. Ibi dii
sunt viginti numero nascentes* [1].

« Sur la base est gravé ce qu'il a appelé la naissance de Pandore.
« On y voit la génération de vingt Divinités. »

Cette courte mention a été, entre les critiques, l'objet de quelques
difficultés dont je dois rendre compte. M. Heyne, entre autres, dans
une note de sa dissertation sur les diverses époques de Pline, a émis
une opinion qui tend et à changer le sens du passage en question, et
à corriger son texte.

J'ai déjà rapporté une partie de cette opinion, en traitant de la
Victoire, et j'ai tâché de faire voir, que celle dont les trois mots de
Pline donnent l'idée, devoit être celle que la statue tenoit dans sa
main. Je ne reviendrai pas sur cette discussion. Quelle que soit encore, à cet égard, la manière de penser de MM. de Caylus et Falco-
net, j'accorderai, si l'on veut, que la Victoire placée dans la main du
colosse, n'empêche pas d'admettre qu'il ait pu s'en trouver encore une
dans les bas-reliefs du piédestal. La chose, comme on le verra, selon
ma manière d'entendre la composition de ce piédestal, n'a rien que
d'admissible. Je dirai toutefois que je trouve deux invraisemblances,
dans l'application qu'on feroit de la mention de Pline, à cette Victoire
supposée sculptée sur le piédestal. La première est que Pline auroit
négligé de parler de ce qui étoit un objet frappant dans cet ensemble,

(1) Pline, liv. XXXVI, chap. 5.

pour s'occuper d'une figure de bas-relief, confondue avec cent autres. Le second point d'invraisemblance me paraît être, qu'une petite figure faisant partie d'une si nombreuse composition, ait été au milieu de tant d'autres objets remarquables, un sujet d'admiration particulier. *Victoriâ præcipuè mirabili.*

Mais j'arrive au point le plus important de l'opinion de M. Heyne. Selon ce savant critique il n'y auroit eu d'autre sujet représenté sur le piédestal, que la naissance de Pandore, quoique les paroles de Pline en désignant ce sujet, dont Pausanias aussi a fait mention, nous donnent l'idée d'un autre sujet, et qui devoit en renfermer un grand nombre, savoir la génération de vingt divinités.

Ce qui paroît avoir engagé le savant professeur à repousser le sens offert par le texte de Pline, c'est l'idée qu'il s'est formée de la manière dont pouvoient être représentés ces sujets. *Vingt divinités* (s'écrie-t-il) *y étoient figurées au moment de leur naissance! Quelle idée se faire d'un pareil sujet? Les dieux étoient-ils là sous la forme d'enfans nouveau-nés? ou leurs mères étoient-elles représentées dans l'accouchement? C'eût été, d'une manière, comme d'une autre, un motif fort bizarre et bien uniforme.* [1] Et en conséquence M. Heyne ne doute point qu'il ne faille supprimer du texte de Pline, le mot *nascentes*, comme étant une addition de quelque glossateur ignorant. Selon lui les vingt divinités ne devoient paroître dans cette composition, que comme assistant à la naissance de Pandore, ou concourant à sa formation. Je ne parlerai pas ici d'une autre opinion que le même savant a émise ailleurs, sur ces vingt dieux, opinion suivant laquelle ils auroient été placés comme autant de statues debout sur la base, *Insistebant undique basi.* [2] Cette dernière proposition se réfute d'elle-même.

Je répondrai à la première, que pour changer un texte aussi clair que celui de Pline, et dont le sens n'offre aucune contradiction, soit

[1] Sammlung antiquarischer aufsætze, part. I, pag. 229 et 230.
[2] Nov. comment., tome I, deuxième partie, page 109.

en lui-même, soit sous le rapport de l'art, il faudroit d'autres raisons
et de plus péremptoires. De ce que la naissance de Pandore étoit représentée sur le piédestal, il ne s'ensuit pas, ce me semble, que les
naissances de vingt, ou de dix-neuf autres divinités, n'aient pu y être
sculptées aussi. Et de ce que Pline et Pausanias ne citent que ce per-
sonnage, est-il permis de conclure, d'après l'esprit d'abréviation
dans lequel ils rédigèrent leur notice, qu'il n'y avoit pas d'autres
naissances de dieux ? Il me paroît au contraire que la naissance de
Pandore fut simplement un des vingt sujets théogoniques. Et l'espèce
de ce sujet auroit pu révéler au savant critique, comment la sculpture
savoit représenter la naissance des dieux, sans faire voir des *enfants
au maillot, ou leurs mères dans l'accouchement.* Certes on avouera avec
lui, que cette façon de traiter de semblables sujets, eût été, comme
il le dit, bien bizarre et bien monotone.

Mais pour peu qu'on connoisse l'Antique, on aperçoit qu'il n'y eut
point de sujets plus propices à l'art, plus féconds en variétés de composition, que ceux qui ont rapport à ce qu'on appelait la génération des
dieux. Sans citer à l'appui de ce que j'avance, le témoignage de ce
grand nombre de bas-reliefs antiques, où sont exprimés ces sujets,
il doit me suffire, je pense, de rappeler leur simple dénomination.
La seule idée que retracent à l'esprit soit la naissance de Minerve, de
Vénus, de Bacchus, soit celle de Diane, d'Apollon, de l'Amour, ne
suffit-elle pas, pour faire sentir, sous combien de formes ingénieuses
allégoriques et dramatiques, la main de l'art savoit reproduire tous
les faits relatifs, à la théogonie des Grecs? On peut donc affirmer,
ou que Phidias fit exprès le choix de ces sujets, ou que si on les lui
ordonna, jamais plus heureuses combinaisons n'exercèrent le ciseau
du statuaire. Et je conclurai que, si pour réformer le texte de Pline,
il n'y avoit ici d'autre raison, que le ridicule ou le mauvais choix
des sujets dont ce texte donne l'idée, jamais on n'auroit fait une
correction, avec moins de motif et de nécessité.

Mais nous avons vu que Phidias, d'après le passage de Themistius,

(*Voy. plus haut*), dut employer un long espace de temps, à l'exécution de ce piédestal. C'est bien aussi ce que donne à connoître la notion de Pline, tout abrégée qu'elle puisse paroître. Dans la description la plus concise, peuvent être renfermés des sujets très-variés et très-étendus. Il est possible, il est même probable, que les *viginti Dei nascentes* de Pline, auront fourni au statuaire une centaine de figures; et l'on va voir que ce nombre est très d'accord avec les dimensions des différentes surfaces de la base.

J'ai montré, au commencement de cette dissertation, ce que pouvoit être la hauteur du piédestal. Elle résulte nécessairement des deux données qui nous sont connues, celle de la hauteur du temple et celle de la hauteur de la statue. Or nous avons vu qu'il ne pouvoit rester qu'une dixaine de pieds, proportion très-conforme à la méthode suivie par les anciens, dans le rapport des statues avec leurs bases, et très-conforme encore au système du genre colossal, dont on faisoit emploi dans l'intérieur de beaucoup de temples. (*Voy.* pl. I.)

J'ai pris sur ces dix pieds à peu près six pour les figures, je donne les quatre pieds restants aux profils du socle et de la corniche. Il me faut justifier maintenant la disposition, telle que je l'ai adoptée, des sujets de bas-reliefs rangés sur deux lignes, l'une au-dessous de l'autre. Une fois qu'on admet le genre de sujets indiqué par Pline, il faut nécessairement admettre aussi, que chacun d'eux, dans l'esprit de la chose, et aussi dans le goût de la sculpture antique, dut exiger quatre ou cinq figures. A quelque degré qu'on veuille diminuer ici le nombre des personnages, il ne sera jamais possible de les réduire à une seule rangée de figures, occupant un champ de six pieds de hauteur, c'est-à-dire, ayant une proportion relative à cet espacement. Plus les figures ont de hauteur, plus aussi elles tiennent d'espace en largeur, et la surface antérieure du champ occupé par les bas-reliefs, auroit contenu, au plus, huit figures de cinq à six pieds de proportion, ce qui ne peut s'accommoder avec les sujets nombreux qu'il faut y placer.

Dès qu'une seule ligne de figures ne se prête point au programme de Pline, on se trouve naturellement induit à partager les champs où les surfaces de la base, en deux zones, ce qui diminuant de moitié la dimension des figures, tend à les multiplier au quadruple. Les deux grands côtés auront pu ainsi facilement, sur une surface de seize à dix-sept pieds de long, et de six de haut, admettre trente personnages chacun ; et en accordant vingt figures pour chacun des deux petits côtés, il serait facile de justifier le nombre de cent, que je me suis permis de présumer approximativement. (*Voyez* pl. I.)

On peut procéder encore dans cette conjecture, d'une autre manière, c'est-à-dire par la répartition des sujets donnés, dans les deux rangées qu'ils auroient occupés, sur les quatre faces de la base. Ainsi chacune des deux rangées des deux grandes faces, auroit compris trois de ces sujets. Ce qui donneroit douze sujets pour les grands côtés. Les deux petits en auroient eu chacun quatre, deux à chaque rang. En tout vingt naissances de Dieux. *Dii sunt viginti numero nascentes.*

Il me paroît inutile de citer ici aucune autorité en faveur de cette répartition de bas-reliefs, par rangées horizontales, l'une au-dessus de l'autre. L'antiquité est pleine de semblables dispositions de figures, sur les autels, les cippes, les piédestaux, etc., et je terminerois ici cette dissertation, si ce que j'ai avancé plus haut, de la priorité de la Minerve du Parthénon sur le Jupiter d'Olympie, ayant été un objet de discussions entre les antiquaires, n'exigeoit un examen d'autant plus important, qu'il me mettra à même de réfuter l'opinion, que beaucoup se sont formée, d'après Plutarque, de la destinée de Phidias. J'abrégerai ces détails qu'on trouvera avec plus d'étendue dans un autre de mes ouvrages [1].

---

[1] *Voyez* l'ouvrage intitulé *le Jupiter Olympien.*

XV. — De l'époque précise où fut exécutée la Minerve du Parthénon.

Certains points chronologiques, et leur coïncidence avec l'état des faits que nous voulons prouver, me paroissent devoir lever tout doute à leur égard.

C'est à la deuxième année de la 85ᵉ Olympiade, que la chronique d'Eusèbe place la confection de la Minerve du Parthénon φειδιας την ελεφαντινην Αθηναν εποιησε. Il faut effectivement que la statue ait été faite à cette époque, pour que les faits et les détails historiques qu'on va rapporter puissent s'y appliquer.

Remarquons d'abord que la 83ᵉ Olympiade est celle où Pline fait fleurir Phidias. Or les époques de l'existence des grands artistes doivent toujours être celles de quelques événements importants, auxquels ces époques s'attachent. La mort de Cimon arriva la quatrième année de la 82ᵉ Olympiade. C'est donc à la 83ᵉ que se rapporte l'époque du pouvoir de Périclès. C'est alors qu'il conçut, et entreprit les grands travaux d'embellissement d'Athènes, dont il donna la direction à Phidias. De cette époque a donc pu commencer l'exécution de la Minerve, ce que va nous prouver la date où elle dut être terminée.

Elle dut l'être nécessairement avant la deuxième année de la 87ᵉ Olympiade, de laquelle, date le commencement de la guerre du Péloponèse; puisque l'or de la statue fut mis par Périclès au nombre des ressources éventuelles du trésor public, avant d'entreprendre cette guerre.

Mais l'accusation relative à la malversation prétendue de Phidias, dans l'emploi de l'or, est encore très-antérieure à la guerre déclarée du Péloponèse. Les simples notions de l'histoire le prouvent, savoir les faits précurseurs de cette guerre, le decret d'interdiction contre Mégare, ensuite la résolution prise de donner des secours aux Corcyréens contre les Corinthiens. Tous ces moyens, qui furent ménagés par Périclès pour amener la guerre, demandèrent plusieurs années.

Or la guerre des Corinthiens contre les Corcyréens [1], guerre qui fut comme le premier anneau de celle du Péloponèse, date de la deuxième année de la 85ᵉ Olympiade. Ce qui coïncide parfaitement avec la date où fut terminée la Minerve.

Thucydide déclare formellement, que la guerre du Péloponése fut un effet et une suite de ces premières hostilités. Telles furent (dit-il), avant de prendre les armes, les contestations; tels furent les différents qui s'élevèrent entre les deux partis (Sparte et Athènes), ils commencèrent dès l'affaire de Corcyre et d'Épidamne. Or, on voit que Périclès ménageoit et préparoit par ces démélés, le moyen d'amener une guerre qui absorbât, dans un intérêt public et un péril général, l'attention du peuple, et la détournât des petites intrigues du parti qui lui étoit opposé.

C'est encore ce qui résulte de la notion d'Aristophanes, qui, dans sa comédie de la Paix [2], représentée long-temps après, donne pour cause de la guerre du Péloponèse, l'accusation portée contre Phidias et ce qui s'ensuivit. Cette accusation ne fut pas celle de la prétendue soustraction de l'or, mais celle de sacrilège et dont on a rendu compte plus haut. Or dans cette accusation, le parti contraire à Périclès se proposoit d'arriver jusqu'à lui; et voilà ce qui le détermina à pousser les choses jusqu'à la guerre pour se rendre nécessaire. Il paroît que son pouvoir n'alla point jusqu'à soustraire Phidias à une accusation, qui devoit avant tout tomber sur l'artiste, en tant qu'auteur des deux portraits. Le défendre ou le protéger sur ce fait, eût été s'en déclarer inutilement complice. Phidias subit donc une condamnation. On ignore à quelle peine, mais ce ne fut certainement pas la mort, comme beaucoup l'ont répété; les paroles d'Aristophanes ne permettent pas de le croire, mais il paroît qu'il y eut de quoi l'engager à fuir d'Athènes.

[1] *Voyez* le canon chronologique de Larcher.
[2] Vers 604.

Le texte de Philochorus portant, qu'à la suite de l'accusation [1]
Phidias s'enfuit en Élide, s'accorde avec l'historique d'Aristophanes.

Tout paroît donc ici être en rapport, et concourir à prouver que
la Minerve fut achevée vers le milieu de la 85ᵉ Olympiade. Nous avons
vu que Phidias avoit pu commencer ce travail dès la 83ᵉ Olympiade.
Or un espace de huit à dix ans, dut suffire pour porter ce monument, et le temple même, à leur dernier point d'achèvement, vu l'ex-
trême activité avec laquelle on sait que Périclès poursuivit l'exécution de ces travaux.

A cela M. Heyne a objecté que Phidias ayant eu la direction (comme
le dit Plutarque) des travaux entrepris par Périclès, il doit aussi
avoir dirigé la construction des Propylées qui date de la troisième année de la 85ᵉ Olympiade. Il pense que cet édifice étant la clôture de
la citadelle, dut se terminer en dernier, qu'il n'y aura eu lieu pour
Périclès à rendre des comptes, qu'à la fin de tous ces travaux, et que les
accusations contre Phidias n'ont dû aussi avoir lieu qu'alors. Toutes ces
considérations ne valent pas une raison. Phidias a pu être employé
par Périclès à la direction des travaux dont il s'agit, et n'avoir pas ter-
miné les Propylées. Périclès a pu être obligé de rendre des comptes partiels de chaque ouvrage, et les accusations que l'intrigue suscita contre
Phidias, ont pu être intentées avant l'achèvement des Propylées.

M. Heyne ayant en vue de prouver que le Jupiter d'Olympie fut
exécuté dans la 81ᵉ Olympiade, c'est-à-dire long-temps avant la Minerve du Parthénon, a intérêt dans cette opinion, de détruire celle
des scholiastes, et d'autres sophistes postérieurs, qui, par un malen-
tendu et un double emploi du même fait, ont transporté en Élide
et l'accusation de malversation, et la condamnation de Phidias. Car
comment accorder ces recits avec les dates authentiques des travaux
d'Athènes? Le père Corsini [2] avoit déjà fait remarquer, que si Phi-

---

[1] Ἐκρίθη καὶ φυγὼν εἰς Ἦλιν, ARISTOPH., Schol. ad *versum* 605.
[2] Fasti attici, part. II, tome I, page 219.

dias eût été condamné pour vol à la peine de mort en Élide, ni son nom n'eût été placé avec honneur sur le piédestal du Jupiter d'O-lympie, ni sa famille n'eût été chargée à perpétuité de l'emploi de conservateurs du monument.[1]

Le même père Corsini a établi par deux passages de Pausanias, un point de fait et de chronologie, qui démontre l'époque à laquelle dut être exécuté le Jupiter Olympien. Il s'agit de la victoire du jeune Pantarcès, dont Phidias représenta la figure en bas-relief, sur la traverse antérieure du trône de Jupiter. Or Pantarcès fut couronné dans la 86ᵉ Olympiade. Donc, conclut Corsini, s'il remporta le prix à cette époque, Phidias n'aura point exécuté le Jupiter d'Olympie dans la 81ᵉ Olympiade, puisque ce jeune garçon, non-seulement n'eût pas été d'âge encore à pouvoir remporter le prix (*inter pueros*), mais même n'étoit pas né.

M. Heyne croit encore avoir trouvé en faveur de son opinion, un renseignement dans Pausanias, qui nous apprend que le temple et la statue d'Olympie, furent faits *du produit des dépouilles enlevées par les Éléens sur les Piséens et leurs alliés, lorsqu'ils vainquirent ces peuples et saccagèrent Pise.* Cherchant à quelle guerre cela peut s'appliquer, il n'en trouve pas d'autre, que celle qui eut lieu, depuis la troisième année de la 78ᵉ Olympiade, jusqu'à la première année de la 81ᵉ, et qui finit par la défaite entière des Messéniens, ou la prise d'Ithome. C'est du butin de cette guerre, que M. Heyne croit, avec grande vrai-semblance, que furent faits et le temple et le colosse d'Olympie. Or, comme de là, à la 83ᵉ Olympiade il trouve un espace de tems suffisant pour l'exécution de ces ouvrages, il conclut que le Jupiter Olympien a pu être exécuté avant la Minerve du Parthénon.

Mais encore ici nulle preuve contre l'époque du jeune Pantarcès, contre le témoignage de Philochorus, qui fait fuir Phidias en Élide, la deuxième année de la 85ᵉ Olympiade, et contre toutes les probabi-

---

[1] Pausanias, liv. V.

lités qui établissent, qu'ayant quitté l'Attique pour venir en Élide, il s'y fixa avec sa famille.

D'ailleurs quelle nécessité, que le produit de la guerre de Pise ait été de suite, et sans délai, employé à la confection du colosse olympien ? Qui sait combien d'années le temple même aura été à bâtir ?

Enfin comme il est de toute nécessité que la figure du jeune vainqueur Pantercès se couronnant lui-même, ait été faite après la 86ᵉ Olympiade, ce fait rapporté par Pausanias, prouve clairement, que Phidias ne mourut point en prison à Athènes, comme le dit Plutarque, à la suite de l'accusation qui auroit eu lieu, la deuxième année de la 85ᵉ Olympiade.

Le seul motif qu'on pourroit avoir de prétendre, que le Jupiter d'Olympie fut fait avant la Minerve du Parthénon, seroit une déférence très-inutile au passage de Plutarque, dont on a parlé, passage qui ne peut se concilier avec rien. Car si Phidias fit en Élide après la 86ᵉ Olympiade et la statue en bronze, et la figure en bas-relief de Pantarcès, il ne mourut donc pas à Athènes, ni au temps, ni pour le fait que Plutarque rapporte. Le passage de Philochorus reste dans toute sa force, et il résulte de là que le Jupiter Olympien fut un monument postérieur à celui de la Minerve du Parthénon.

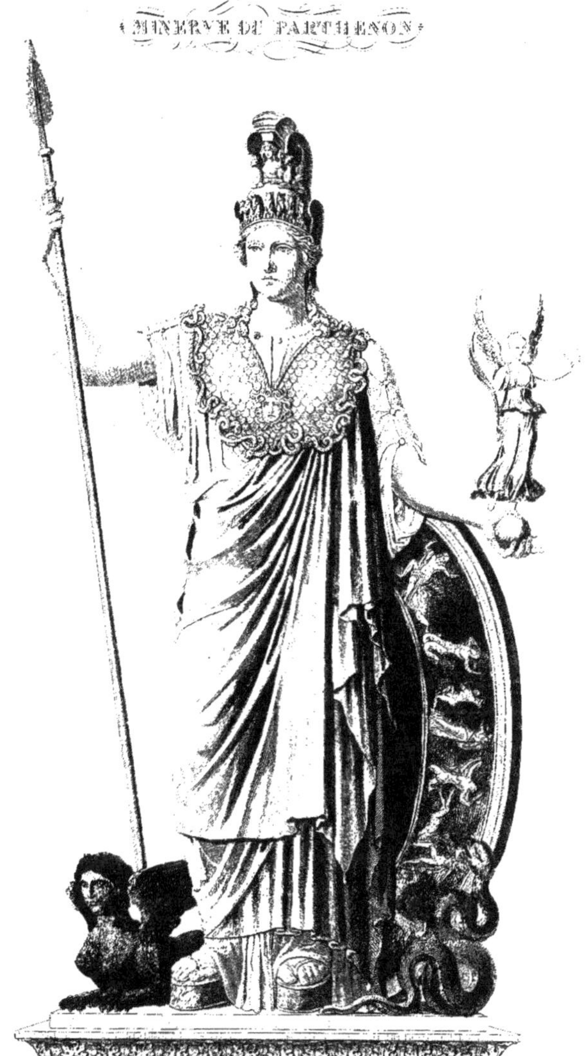

MINERVE DU PARTHENON

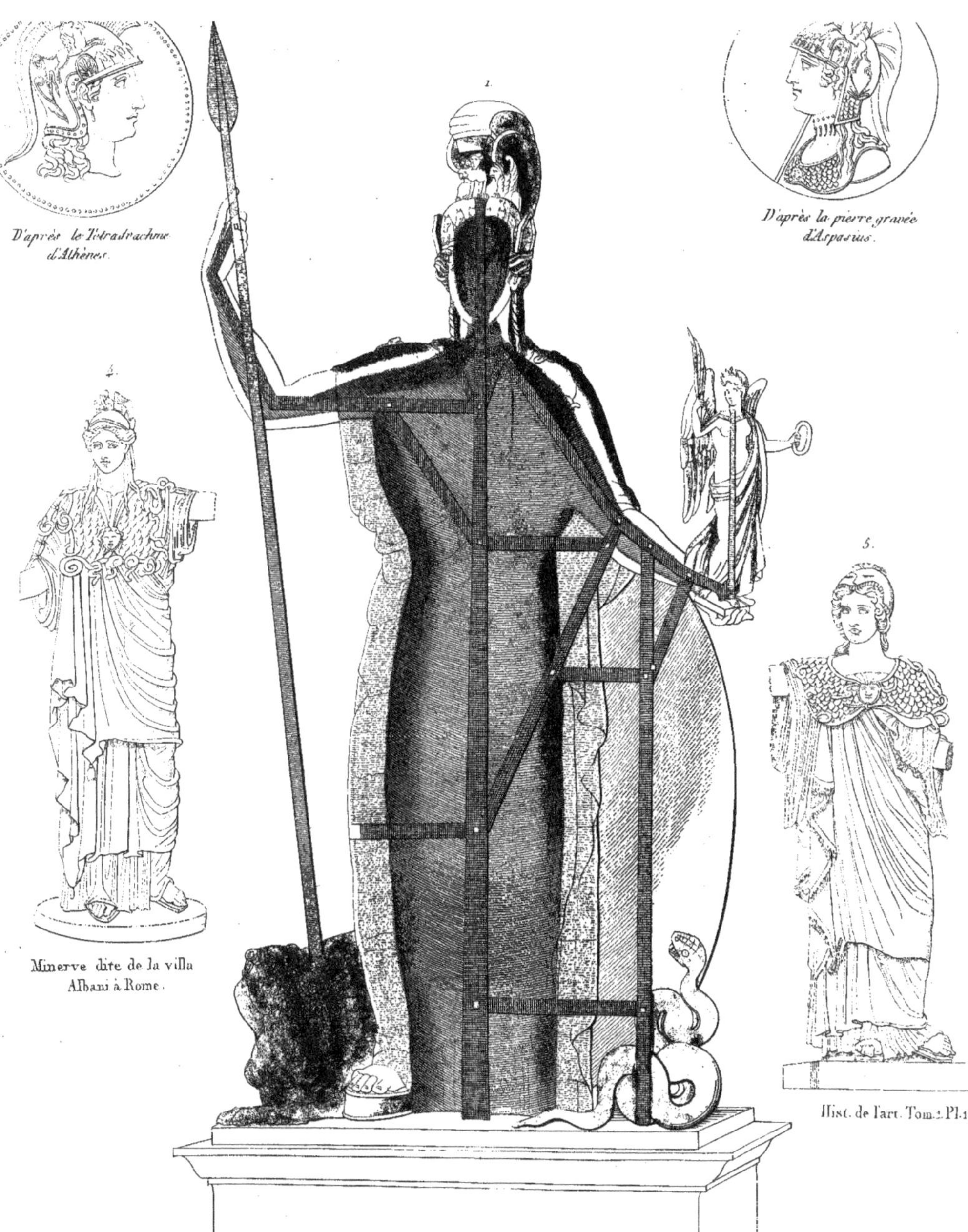

1.
D'après le Tétradrachme
d'Athènes.
D'après la pierre gravée
d'Aspasius.
4.
Minerve dite de la villa
Albani à Rome.
5.
Hist. de l'art. Tom. 2. Pl. 13

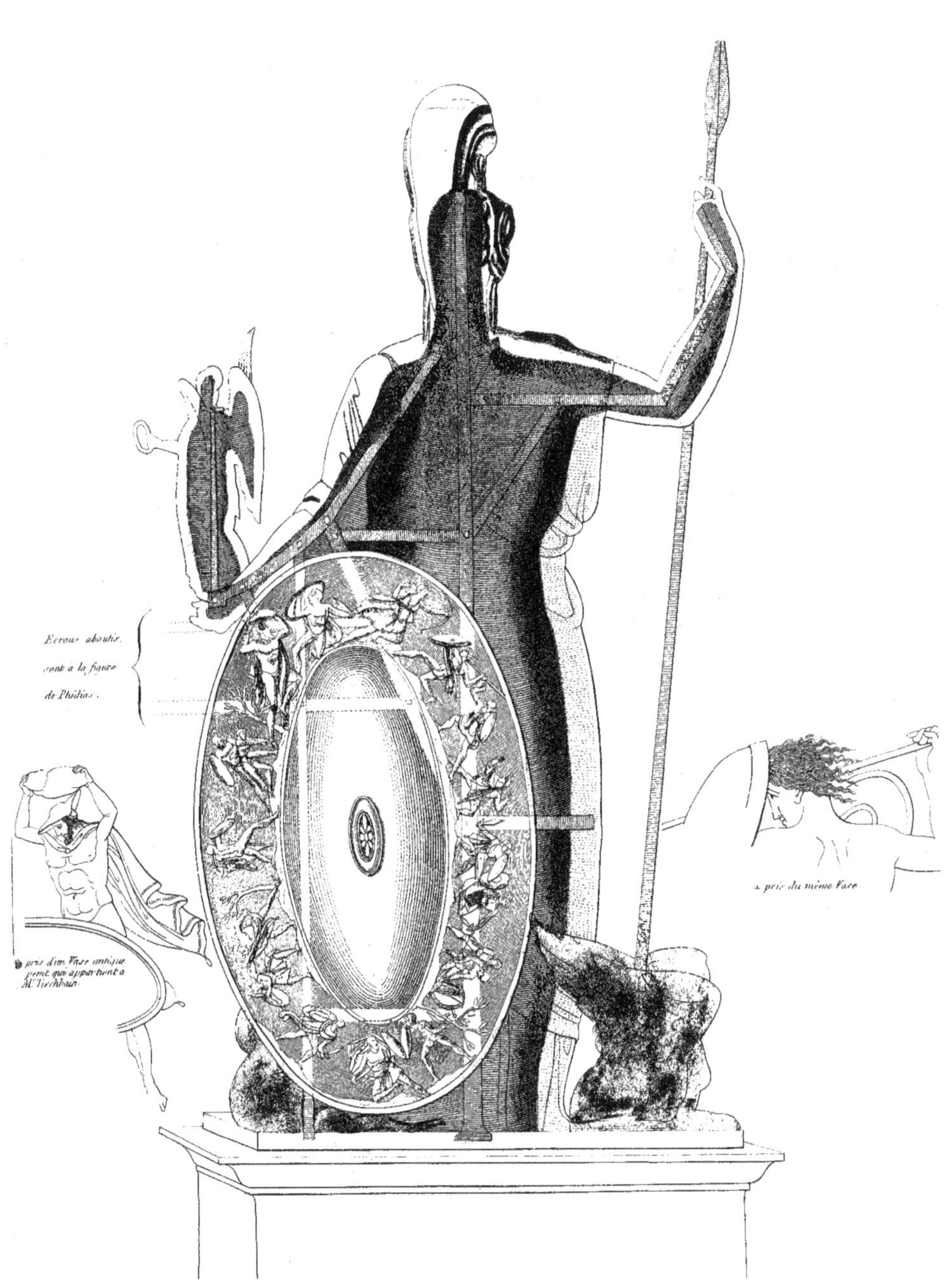
Ecroue aboutis-
sent a la figure
de Phidias.
pris d'un Vase antique
peint qui appartient a
M. Tischbein.
pris du même Vase.

www.ingramcontent.com/pod-product-compliance
Lightning Source LLC
LaVergne TN
LVHW022314170726
843503LV00006B/2506